DICTIONNAIRE DE LA JEUNESSE,

OU

NOUVELLE MÉTHODE D'ENSEIGNEMENT POUR LA LECTURE,

EN 42 LEÇONS,

PAR

Madame Jammes née Dorchy.

INSTITUTRICE.

PRIX : 3 fr.

1841

DICTIONNAIRE

DE LA

JEUNESSE.

Tout Exemplaire qui ne sera pas revêtu de la signature de l'auteur ,
sera réputé contrefait.

Castelnaudary , Imprimerie de L. GROC.

DICTIONNAIRE

DE LA

JEUNESSE,

OU

NOUVELLE MÉTHODE D'ENSEIGNEMENT,

CONTENANT LES MOTS LES PLUS USITÉS DE LA LANGUE FRANÇAISE, ARRANGÉS
DE MANIÈRE A FACILITER L'ENSEIGNEMENT DE LA LECTURE
ET DE L'ORTHOGRAPHE.

Dédié aux Mères de famille,

PAR

Mme JAMMES née DORCHE, INSTITUTRICE.

PARIS.
MAILLARD, rue de Seine, 36.
CASTELNAUDARY.
LOUIS GROC, Imprimeur-Libraire.

1841.

AUX MÈRES DE FAMILLE.

Amour maternel, passion douce et pure que tant de Mères éprouvent et que si peu essayent d'exalter. Oh! qui pourrait mieux te dépeindre, que celle qui a subi ton heureux empire ; qui peut mieux dévoiler tes charmes, que celle qui en a ressenti tous les effets. Que j'envie dans ce moment l'habileté de nos écrivains célèbres ; que ne puis-je, armée de leur douce éloquence, pénétrer l'ame des Mères qui liront cette Préface du feu qui anime la mienne, ne leur laissant point ignorer que si je leur promets les sensations les plus douces, il n'est pas en mon pouvoir de les préserver des peines les plus cuisantes que leur courage devra surmonter.

A part cette sollicitude, ces craintes, ces alarmes, qui agitent sans cesse le cœur d'une Mère à l'apparence du moindre danger ; indépendamment de ces regrets qu'elle éprouve lorsqu'au lieu des tendres caresses qu'elle prodiguerait avec tant de bonheur, elle est forcée d'infliger des privations, de faire couler des pleurs, pour éviter à ces chères petites créatures, objets de ses tendres affections, des chagrins plus vifs, des larmes mille fois plus amères dans le courant de leur vie ; à part tout cela, dis-je, il est encore pour le cœur d'une Mère des tourmens plus affreux, mais qui heureusement n'atteignent point le plus grand nombre ; cependant, si parmi celles qui me lisent aujourd'hui, il s'en trouve quelqu'une que de cruelles infortunes ont réduite à voir ses enfants chéris privés de tout ce qui est nécessaire, non aux délices de la vie, mais aux besoins les plus absolus, qu'elle vienne ranimer ici ses forces prêtes à l'abandonner ; elle apprendra qu'il n'est point d'obstacle qui résiste au courage inspiré par une semblable position ; elle saura qu'il n'est rien d'impossible à l'amour maternel ; qu'il n'est point de danger qu'une Mère n'affronte, point de sacrifice qui lui coûte, point d'humiliation qui la rebute ; elle souffrira tout, se privera de tout, pour adoucir les rigueurs du sort qui accablent sa famille, et ne trouvera de bornes à son zèle, que celles qu'y opposeront ses devoirs, car la pureté de ses intentions ne peut s'accorder qu'avec la vertu.

Pénétrée de ce vertueux enthousiasme, et sortant triomphante de sa lutte contre l'adversité, la plus digne récompense attend la Mère de famille dont l'énergie s'est soutenue dans une si rude épreuve, les plus douces jouissances inondent son ame lorsqu'entourée de ses enfants elle peut se dire : c'est moi qui protége leur faiblesse et préserve leur innocence des abîmes ouverts sous leurs pas ; c'est moi qui guide leur esprit, éclaire leur raison, et souris à leur gaîté si souvent interceptée par le malheur ; c'est leur amour pour moi qui leur a fait supporter les privations avec patience, les humiliations avec courage ; c'est dans mes regards qu'ils puisent cette fermeté que la nature encore faible chez eux leur refuserait peut-être sans mon secours ; et cependant, si Dieu du haut de son trône a jeté un regard favorable, et d'un souffle bienfaisant, ranimé d'une nouvelle vie celle qui a espéré en lui, ses journées seront encore laborieuses, il est vrai, mais ses nuits seront douces et tranquilles, et elle ne doutera plus de la réalité de cette maxime : qu'on peut encore goûter le bonheur au sein des privations, des fatigues et des souffrances, lorsqu'on est animée par un sentiment vertueux.

Ce livre qui vous est dédié à vous, Mères, dont l'ame est mue par cet amour si pur, par cette passion si différente de celles qui, bouleversant notre être, nous précipitent souvent dans un abîme de malheurs ; ce livre, fruit d'une patience à toute épreuve, n'a dû le jour qu'à ce pieux sentiment que je viens de définir ; puisse-t-il être utile non seulement à vos enfants, mais à tous ceux qui voudront faire l'essai de cette Méthode nouvelle, leur assurant d'avance, qu'elle abrégera de beaucoup les difficultés du premier enseignement, et qu'elle ne peut que plaire aux enfants par sa variété, puisqu'à l'exception du premier tableau, on peut leur faire dire tous les jours une leçon nouvelle, qu'ils liront sans peine, attendu qu'elle leur rappellera toujours les leçons précédentes, jointes à un léger changement qu'on aura soin d'indiquer au commencement de chaque Exercice.

Du reste, je ne prétends m'approprier que l'arrangement des mots dans cet ouvrage ; j'y ai évité toute innovation, m'étant conformée pour l'orthographe et la prononciation au dictionnaire de l'Académie et à nos meilleurs grammairiens ; malgré cela, très-peu de personnes pourront se faire une idée du travail pénible et long que je viens enfin de terminer à ma satisfaction, car je vois tous les jours le succès répondre à mon attente ; celles de mes élèves qui ont parcouru en entier ma Méthode, peuvent lire dans quel livre que ce soit sans faire une seule faute, et, de plus, j'ai l'assurance que la lecture de ce Dictionnaire leur sera d'un grand secours pour l'orthographe.

Les notes jointes à ces Exercices ne sont pas nécessaires pour l'enseignement de la lecture, mais elles rappelleront d'une manière très-simple les premiers éléments de la grammaire française, qu'on pourra expliquer si l'on veut aux Élèves.

Arrivés à la fin de la Méthode, il ne reste plus qu'à enseigner à lier les mots et à observer la ponctuation ; quelques jours d'une lecture suivie suffiront pour cela ; cependant, je ne suis pas de l'avis de plusieurs personnes qui pensent, que les enfants puissent comprendre d'abord toutes ces histoires morales ou amusantes qu'on croit devoir joindre aux livres de première lecture ; certes, il est très-utile de mettre entre les mains des jeunes gens, des livres qui renferment de sages maximes ou des exemples de vertu, mais il faut pour que ces lectures profitent à la jeunesse, que l'esprit ne soit plus préoccupé par l'application que nécessite les commencements d'une science qui ne lui est pas encore familière.

Si le Public daigne accueillir ce premier travail que je lui offre, dans la ferme persuasion où je suis de son utilité, je m'occuperai pour faire suite à cet ouvrage, d'un second volume dans lequel je donnerai la définition des mots que le premier contient. Cette explication, à la portée du premier âge, pourra servir de seconde lecture.

En attendant j'ai joint à ces Exercices un Morceau de lecture courante ; je désire que cette petite histoire dédommage un peu les Mères de famille (dont je m'occupe particulièrement dans cet ouvrage) de l'ennui que les leçons précédentes ont dû leur faire éprouver, elles surmonteront facilement cet ennui, si dans l'intérêt de leurs enfants, elles veulent bien se rappeler cette maxime vraie quoique triviale : *Que l'utilité est préférable à l'agrément.*

Il y a peut-être de l'audace de ma part à faire paraître cette publication, sans avoir au préalable soumis mon œuvre au jugement des hommes de lettres plus savants que moi, que j'aurais pu consulter ; toute entière à mon plan, que l'expérience de chaque jour me faisait trouver admirable pour l'avancement de mes élèves, j'ai cru qu'il suffirait de ne point m'en écarter. Cependant, comme je suis bien éloignée d'un excès de confiance en mes propres lumières, je recevrai avec reconnaissance les avis qui me parviendront avec de bonnes intentions, pour les mettre à profit à la prochaine édition.

DICTIONNAIRE

De la Jeunesse.

PREMIÈRE PARTIE.

Premier Exercice.

Voyelles.

ÁEIYOU EÉÈÊ.
aeiyou eéèê.

Syllabes.

Ba be bi by bo bu — be bé bè bê.

Ca ce ci cy co cu — ce cé cè cê.

Ça ce ci cy ço çu — ce cé cè cê.

Da de di dy do du — de dé dè dê.

Fa fe fi fy fo fu — fe fé fè fê.

Ga ge gi gy go gu — ge gé gè gê.

Gua gue gui guy go gu — gue gué guè guê.

Ha he hi hy ho hu — he hé hè hê.

Ja je ji jy jo ju — je jé jè jê.

Ka ke ki ky ko ku — ke ké kè kê.

La le li ly lo lu — le lé lè lê.

Ma me mi my mo mu — me mé mè mê.

Na ne ni ny no nu — ne né nè nê.

Pa pe pi py po pu — pe pé pè pê.

Qua que qui quy quo quu — que qué què quê.

Ra re ri ry ro ru — re ré rè rê.

Sa se si sy so su — se sé sè sê.

Ta te ti ty to tu — te té tè tê.

Va ve vi vy vo vu — ve vé vè vê.

Xa xe xi xy xo xu — xe xé xè xê.

Za ze zi zy zo zu — ze zé zè zè.

Nota. Ce premier Exercice doit être répété souvent.

(4)

AVIS.

Le but qu'on se propose dans ces Exercices, étant de fixer dans la mémoire des enfants les premières notions grammaticales, en même temps que les principes de la lecture, on indiquera les moyens de parvenir à ces fins.

Le premier tableau, qui est la base de tous les autres Exercices, est celui sur lequel on doit s'arrêter plus long-temps.

Avant de passer aux leçons suivantes, il faut que l'élève sache non-seulement énoncer toutes les syllabes sans épeler, mais qu'il connaisse ce que c'est que les voyelles et les consonnes, les accents, aigu ′ , grave ` , circonflexe ^ , et qu'il prononce les trois sortes d'*e* ainsi qu'il suit : e muet *e*, e fermé *é*, e ouvert *è*, e long *é*; on lui expliquera ensuite que *ba*, *be*, *bi*, etc., sont des syllabes formées par la réunion des consonnes et des voyelles. On fera d'abord nommer les lettres de ces syllabes séparément, puis en une seule émission de voix.

Le temps qu'il faudra pour apprendre ce premier tableau dépend de l'intelligence de l'enfant, quant aux Exercices suivants, ils n'auront pas besoin d'être répétés, il suffit de les lire une seule fois.

Second Exercice.

MOTS
De Deux Syllabes.

A ga â ge a hi â me a na â ne a pi a vé a xe
Ba gue ba ve bê ta bê te bi le bo bo bu be bu re
Ça ca ca ca fé ca ge ca le ca ne [1] ca pe ca que
Ca ve ce ce ci ce la ci ci me ci re [2] ci té co co
Co de co que co te [3] cô te cô té cu re cu ré
Cu ve Da da da gue da me da te [4] de dé dé ci
Dé ca de-çà de-là à de mi dé ni di gue dì me
Di re [5] do do do ge do gue du dû [6] du o du pe
É cu é pi è re é té [7] Fa fa ce fa de fê te fé tu
Fè ve fi fi gue fi le fi xe Ga ge ga le ga re ga ze
Gê ne gi gue gî te go go gué guê pe guè re

---

1 *Cane*, oiseau aquatique.
2 *Cire*, matière molle dont on fait les bougies, les cierges, *etc.*
3 *Cote*, marque numérale, ne prend pas l'accent circonflexe.
4 *Date*, qui marque le temps.
5 *Dire*, verbe de la 4me conjugaison.
6 *Dû*, ce qui est dû. *Du*, qu'on emploie pour *de le.*
7 *Été*, l'une des quatre saisons. *Été*, participe du verbe être.

Gui de Ha hâ le hâ te hâ ve hé hé mi hè re

Hi e ho là hu re I ci î le i no Je té ju ge

Ju pe ju ré ju ry Ki lo La[1] là la la la dy la me

La que la ve le lé li ce li e li gue li me li re[2]

Lo ge lo que lo to lu ce lu ne lu xe ly re

Ma ge mâ le mâ re ma ri me mê me me nu

Mè re mi di mi e mi ne mi te mo de mo ka

Mo re mu e mu ge mu le mû re Na ge né

Né e ni ce ni que no ce no ne no ta no te nu

Nu e[3] nu que O de Pa ge[4] pâ le[5] pa pa pa pe

Pâ te[6] pâ té pa vé pê ne[7] pè re pi e pi le pi pe

Pi que pô le po li Quê te que qui qui ne quo te

Ra ce ra de ra ge râ le ra me[8] râ pe ra re

Ra te ra ve ré re çu rê ne[9] rê ve ri de ri me

---

1 *La*, article et note de musique. *Là* adverbe.
2 *Lire*, verbe de la 4me conjugaison.
3 *Nu*, *nue*, adjectif. *Nue*, substantif, nuage.
4 *Page* d'un livre. *Page* du roi.
5 *Pâle*, blême. *Pale*, morceau de carton dont on couvre le calice.
6 *Pâte*, pour faire du pain. *Pate* d'animal.
7 *Pêne*, partie d'une serrure.
8 *Rame*, aviron. *Rame* de papier.
9 *Rêne*, courroie en cuir,

Rire[1] rive robe rôle rome rôti rude rue
Sage sale sève sexe sire[2] site sofa solo
Tare taxe tête tige tine tique tôle tory
Tube type Vague vice vide vie vîte vive
Vogue vote vue Zèle zéro zone.

Phrases.

L'âge de la lune. L'âne têtu. La bague de ma mère. Du café moka. La note fa. Une figue mûre. Une robe à la mode. Lire une page. L'ami de papa. L'épi doré. Holà hé.

Je dîne à la hâte. La hie. Le holà. La hure.[3]

En ajoutant des phrases à la fin de quelques exercices, j'ai voulu accoutumer les enfants à lier les mots, et leur faire connaître l'apostrophe, la ponctuation, l'*h* muette ou aspirée, sans m'écarter du mode progressif que j'ai adopté, ce qui ne laisse guère de liberté pour le choix des idées.

---

1 *Rire*, verbe de la 4ᵐᵉ conjugaison.
2 *Sire*, titre qu'on donne aux rois.
3 L'*h* est aspirée dans tous ces mots.

Troisième Exercice.

MOTS
De Trois Syllabes.

A-bé-e [1] a-bî-me a-ci-de a-gi-le [2] A-ga-te a-gi-o
a-ï-e [3] a-lè-ne a-li-bi a-lu-de a-me-né a-mi a-mi-e [4]
a-ra-be a-rè-ne a-rè-te a-va-re a-vi-de a-zi-me
Ba-bi-ne ba-di-ne ba-ga-ge ba-ra-que ba-ro-que
bé-gui-ne bé-vu-e bi-co-que bi-è-re bi-ga-me bi-
ri-bi bi-tu-me bo-bi-ne bo-ca-ge bo-hè-me bo-
na-ce bo-ré-e Ca-ba-le ca-ba-ne ca-ca-de ca-ca-o
ca-hu-te ca-li-ce ca-m-é-e ca-na-pé Ca-na-da ca-
na-ri ca-nu-le ca-po-te ca-ra-bé ca-ra-fe ca-rê-me
ca-ri-e ca-va-le ca-vi-té cé-ci-té cé-le-ri Cé-ci-le
ci-cé-ro ci-ga-le ci-ga-re ci-li-ce ci-ra-ge ci-vi-
que Co-cy-te co-hu-e co-lè-re co-li-que co-lu-re
co-mè-te co-mi-que co-mi-té co-pa-hu co-p-ie

1 *Abée*, ouverture par où passe l'eau d'un moulin.
2 Tous les adjectifs terminés au masculin par un *e* muet ne changent
pas de terminaison au féminin.
3 *Aïe*, interjection.
4 Dans tous les exercices, les noms et adjectifs masculins seront suivis
de leurs féminins.

cu-pi-de cu-ra-ge cu-vé-e cy-ni-que Da-nu-be dé-bi-le dé-ca-de dé-ci-me dé-da-le dé-di-re[1] dé-fi-lé dé-i-té dé-li-re dé-lu-ge de-mi de-mi-e dé-pu-té Di-a-ne di-è-te di-né-e do-ci-le do-du do-du-e do-mi-no do-ra-de do-ru-re du-ré-e du-re-té É-bè-ne é-ca-le é-co-le é-cu-me é-gi-de é-lè-ve é-li-te é-lo-ge É-mi-le é-mu-le É-né-e É-o-le é-pé-e é-pi-ce é-pi-ne é-pi-que é-po-que é-qui-té É-ra-to é-ta-ge é-ta-pe é-ti-que é-to-le é-tu-de é-tu-ve é-vê-que e-xo-de[2] Fa-ça-de fa-ci-le fa-mi-ne fa-ri-ne fa-ti-gue fé-cu-le fé-dé-ré fé-ru-le fi-dè-le fi-gu-re fi-la-ge fi-o-le fi-xi-té fo-li-e fo-li-o fu-mé-e fu-ri e fu-ti-le Ga-lè-re ga-lé-e Ge-nè-ve gé-ni-e Gi-ra-fe gué-ri-te gui-ta-re Ha-bi-le Hé-lè-ne Ho-mè-re Ho-ra-ce hu-é-e hu-mi-de I-dé-e i-do-le i-dy-le i-ma-ge i-ni-que i-o-ta I-ta-que i-xi-a Je-té-e Jé-rô-me jo-li jo-li-e ju-bi-lé Ju-dé-e ju-ju-be Ju-li-e ju-ré ju-ré-e Ka-ra-bé Lu-bi-le la-cu-ne la-mi-e La-to-ne la-va-ge la-vu-re La-za-re lé-gu-me

---

1 *Dédire*, verbe de la 4me conjugaison.
2 Règle générale, avant l'*x* l'*e* n'est jamais muet.

Lé-ri-da le-vé-e lé-vi-te le-vu-re le-xi-que li-ci-te li-é-ge li-ma-ce li-mu-re li-qui-de li-ti-ge li-to-te li-vi-de Lo-dè-ve lo-gi-e lo-gi-que Lu-ci-e lu-ci-de Lu-ci-ne lu-ga-no lu-xu-re ly-cé-e ly-ri-que Ma-da-me Ma-dè-re ma-do-ne ma-gi-e ma-gi-que ma-la-de Ma-la-gua ma-li-ce ma-né-ge ma-ni-e ma-ni-que ma-ré-e Ma-ri-e ma-ri-ne mâ-tu-re ma-xi-me Mé-cè-ne Mé-dé-e mé-di-re [1] Mé-gè-re mé-gi-e mê-lé-e me-na-ce mé-na-ge me-né-e me-nu mé-nu-e mé-ri-te Me-xi-que mi-li-ce mi-na-ge mi-ni-me mi-nu-te mo-dè-le mo-di-que mo-lu-que mo-mi-e Mo-ni-que Mo-na-co mo-ra-le Mo-ré-e mo-ru-e mu-é mu-é-e my-o-pe Na-guè-re na-tu-re na-vi-re né-go-ce Ni-o-bé no-ma-de no-ti-ce no-vi-ce nu-a-ge nu-di-té nu-é-e nu-mé-ro O-bo-le o-li-ve o-mé-ga o-pa-que o-pé-ra o-ra-ge o-ta-ge o-va-le o-zè-ne Pa-ca-ge pa-na-de pa-ni-que pa-ra-de pa-ra-ge pa-ri-té pa-ro-le pa-ro-li pa-ru-re pa-ta-te pa-té-e pa-tè-ne pa-tu pa-tu-e

---

[1] *Médire*, verbe de la 4ᵐᵉ conjugaison.

pâ-tu-re pa-va-ge pa-vi-e pé-a-ge pé-co-re pé-cu-
ne pé-da-le Pé-ga-ze pe-lo-te pe-lu pe-lu-e pe-
lu-re pé-pi-e pé-ta-le pi-a-no pi-è-ce pi-é-ge pi-é-té
pi-lo-ri pi-lo-te pi-lu-le pi-pé-e pi-qû-re pi-ra-te
pi-ro-gue pi-ti-é po-è-me po-è-te po-li po-li-e po-
li-ce po-ly-pe Po-mo-ne po-ta-ge po-té-e pu-di-que
pu-ni-que pu-ré-e pu-re-té Py-ra-me Qua-li-té
qui-no-la qui-va-là qui-vi-ve quo-ti-té Ra-ci-ne
ra-ma-ge ra-mé-e ra-pa-ce ra-pi-ne râ-pu-re ra-
re-té ra-ti-ne ra-tu-re ra-va-ge re-di-re [1] re-di-te
re-fu-ge ré-gi-e ré-gi-me re-li-que re-li-re [2] re-
mè-de re-pè-re re-quê-te re-ve-nu re-vu-e ri-gi-
de ri-go-le ri-va-ge rô-ti-e ro-tu-re ru-a-de Sa-bi-
ne sa-ga-ce sa-la-de sa-la-ge sa-le-té sa-li-ne sa-
li-que sa-li-ve sa-lu-re sa-me-di sa-pi-ne sa-ti-re
sa-ty-re sa-va-te se-ne-vé sé-ri-e sé-vè-re Si-ci-le
si-é-ge Si-rè-ne so-li-de so-li-ve so-na-te so-no-re
su-a-ve Su-è-de su-re-té Sy-ri-e Ta-fi-a ta-ci-té
ta-na-ro ta-pa-ge ta-pe-cu ta-ra-re ta-ré ta-ré-e

---

[1] *Redire*, verbe de la 4ᵐᵉ conjugaison.
[2] *Relire*, verbe de la 4ᵐᵉ conjugaison.

te-na-ce té-na-re té-ni-a te-nu-e té-ti-ne tê-te
tê-tu tê-tu-e ti-a-re ti-è-de ti-mi-de ti-ra-de ti-
ra-ge ti-vo-li to-ni-que to-pa-ze to-pi-que to-xi-
que tu-li-pe tu-ni-que ty-pi-que U-ni u-ni-e
u-ni-que u-ni-té u-ri-ne u-ti-le Va-li-de va-ni-té
ve-nu-e vé-ri-té Vé-ro-ne vi-gi-le vi-le-té vi-né-e
vi-o-le vi-pè-re vi-ro-le vi-va-ce vo-la-ge vo-lé-e
vo-lu-me vo-mi-que vo-ra-ce Zé-lé Zé-lé-e.

Phrases.

L'ami fidèle. Une fidèle amie. L'élève
docile. L'éloge mérité. Le poème épique.
L'étude facile. La fumée légère. Le génie
d'Homère. Une jolie figure. La petite Julie.
L'île de Madère. Une maxime utile. La ma-
gie de Médée. L'olive amère. L'opéra comique. Une dame polie. La fumée du potage.
La timide Cécile. Le joli ramage. L'époque
fixée.

Quatrième Exercice.

MOTS
De Quatre Syllabes.

Abatage acacia Acadie acidité acolyte adagio aéré aérée agilité agonie alinéa aliquote amazone Amélie aménité Amérique amitié analogue Anémone ânerie anonime apanage apogée apologue apozème Arabie arabique aréole Ariane Aricie aridité Ariège aromate avanie avarice aveline avenue avidité axiome azérole azuré azurée Babiole badinage banalité Bavière béguine bénéfice bénévole bigamie bigarade boniface botanique bucolique buretine Cabotage caducée caducité cahotage calamité calorique camarade canicule canonique capacité capitale capitane capitole capucine caquetage carabine caracole caravane carénage Caroline catalogue catapuce cavatine célérité cicérole civilité colérique colonie comédie coquerico* coraline coriace coterie cupidité Dariole débilité décalogue déciare dédicace déicide Déjanire délié déliée démagogue démérite demi-lune dévidage dévolu dévolue diadème dialogue Diomède divinité dixième docilité domicile

---

* Chant du coq.

duperie Économe écurage écurie édifice égalité élégie émérite émétique Émilie épaté épatée épitome équinoxe équipage équipée équivoque étalage étamine étamage étamure étuvée exigu exiguë * exilité Facilité fagotage fanatique faribole fatalité fatadique favori favorite féerie félicité férocité féverole fidélité figuerie filature filerie futilité Galerie galopade Ganimède générique Habileté ** habilité *** habitude halenée haquenée hâtiveté hérédité hérétique héritage héroïne héroïque hexagone hilarité homélie homicide Honorine huée humanité humidité humilité Idiome Ionie iniquité inodore inutile ionique Irénée ironie ironique Italie italique Jamaïque javeline judaïque juridique Kilogone Laconique laminage latinité latitude Lavinie légèreté légitime ligature limonade linière liquidité litière lividité localité loterie lumière lunatique Macaroni majorité maladie male-bête maléfice malévôle mamelu mamelue maniaque manipule manière marécage mariage marinade maritime marotique

---

* *Exiguë*, le tréma (¨) sur l'*e* muet final, indique qu'il doit se prononcer seul.

** Capacité.

*** Aptitude.

matamore matelote matière matinée maturité mécanique médecine Mélanie mélodie météore minière mobilité modalité modicité molécule molière momerie monologue monopole monotone moquerie moralité mozarabe mucilage myriade myriare naguère naïade naïveté nativité néologue notarié numérique Opacité orifice origine ovipare ovaïde oxigène oxigone Pacifique palatale palatine panacée papeline parabole paradoxe parodie pâturage pédagogue pèle-mèle Pénélope pénurie périgée période pétarade pilotage piperie pique-nique politique polygame Polynice Polyxène populace poterie pudicité pyramide Quiétude Racinage radotage rapacité rapidité ratafia ratelée ratière ravigote réalité récidive reculade reculée régicide relevée reliage reliure remolade remuage retenue révolu révolue rêverie ridicule rigidité rivalité rivière rizière Sagacité salière satanique satinade satirique sécurité Ségovie sérénade sérénité sévérité sicilique solitude suavité sycomore synagogue synonyme Tabagie tanière Télémaque témérité tenacité têtière timidité timoré timorée tiqueté tiquetée tire-lire totalité tuerie turelure Unanime unième univoque Uranie utilité Validité variété véhicule vélocité vénalité vénéfice vénerie véracité véridique viatique vilenie vivacité vivifique vivipare volatile volerie volière voracité Zénonique zibeline zizanie zodiaque zoolite.

Phrases.

Le diadème mérité. Le dialogue varié. La docilité d'Amélie. L'agilité de Ganimède. La côte maritime. Le comique équipage. Une bête féroce. Le dixième volume. La sage Pénélope.

Cinquième Exercice.

MOTS
De Cinq Syllabes et plus.

Académie académique Adélaïde aérologie agacerie agiotage amabilité amovibilité anagogie analitique analogie analogique anatomie anatomique animalité anomalie apologétique apologie apologue aréopage aromatique Badinerie béatifique béatitude bénédicité

bigoterie Cafetière cagoterie cajolerie canonicité
capilotade caqueterie carabinade cariatide caricature
catégorie catégorique cavalerie cérémonie cimetière
coquinerie Deïdamie démagogie démoniaque démo-
nomanie diabolique diatonique dilatabilité domino-
terie Économie économique éligibilité épicerie
épidémique étymologie étymologique Familiarité
féodalité Généalogie généalogique Geneviève géo-
logie géologique généralité gibecière Héroï-comique
héréticité Idéologie idéologue inaliénabilité inamo-
vibilité inanimé inanimée inégalité inimitié inopiné
inopinée inutilité Jérémiade judicature Légitimité
libéralité Maniéré maniérée maroquinerie matéria-
lité ménagerie minéralogique minéralogue miniature
monotonie municipalité Naturalité néologie néolo-
gique néologue notoriété Originalité Parabolique
panégyrique panetière papeterie paralytique pateli-
nage pédagogie pédagogique pèlerinage pépinière
périodique picoterie piraterie polygamie popularité
puérilité pyramidale Radoterie rapiécetage régula-
rité remue-ménage ricanerie ridiculité Saloperie sa-
vaterie savonière sécularité similitude sudorifique
supériorité synonymie Tabarinage tabatière taqui-

nerie Unanimité Valériane variabilité vélocifère
véridicité volatilité volubilité Zoologie.

L'ARTICLE JOINT AU NOM COMMUN [*]

L'académie l'agiotage l'amabilité l'apologue l'aréopage
le bénédicité la bigoterie la cafetière la caricature la cavalerie l'économie la gibecière l'inégalité
l'inutilité la légitimité la libéralité la municipalité
l'originalité le pèlerinage la pépinière la supériorité
la tabatière l'unanimité la volubilité.

---

[*] On peut ici, si l'on veut, donner une idée à l'élève de ces deux parties du discours, *l'article* et le *nom*, de la manière suivante :

Chaque objet qui se présente à notre vue ou à notre imagination, a un nom; ce nom est commun, lorsqu'il peut désigner plusieurs choses semblables ; si je dis *table*, *homme*, je peux désigner ainsi toutes les *tables*, tous les *hommes*; mais si je dis *Pierre*, *Paul*, *Paris*, *Adèle*, *Julie*, *Rome*, je ne désigne que la personne ou la ville qui porte ce nom ; c'est le nom propre.

Le nom commun est ordinairement accompagné d'un petit mot qu'on appelle *article*; *le* livre, *la* plume; le premier marque le masculin, c'est-à-dire, les noms d'êtres mâles; le second marque le feminin ou les noms d'êtres femelles ; c'est ce qu'on appelle le genre.

L'usage a aussi assigné un genre aux êtres inanimés, ainsi l'on dit: *la pierre*, *le bois*, malgré que ces deux objets ne soient ni mâles ni femelles.

Nous ferons connaître plus tard le nombre, ou le singulier et le pluriel.

L'apostrophe est cette petite marque (') qui remplace l'*a* ou l'*e*, qu'on supprime dans les mots qui commencent par une voyelle ou une *h* muette; exemple : *l'honneur*, *l'esprit*, *l'amitié*; ces mots sonneraient mal à l'oreille s'il fallait dire *le honneur*, *le esprit*, *la amitié*.

SECONDE PARTIE.

Sixième Exercice.

ai.

A bé cé dai re ai de à l'ai de ai gu ai gu ë ai gua de ai gue-
ma ri ne ai gui è re ai gui é ré e ai le ai lé ai lé e aî né aî né e
ai re ai ré e Bai e ba lai be dai ne bé né fi ci ai re ca ni cu lai re
ca pi tai ne ca pi tai ne ri e cé li ba tai re co do na tai re Dé fai re*
se dé fai re dé fai te dé gai ne dé lai di zai ne do mai ne do-
na tai re É tai e Fai re** fai te*** fai ti è re fu né rai re fu tai e
fu tai ne Gai gai e gai e té gai ne Hai e hai ne hé ré di tai re
ho no rai re I ma gi nai re i ti né rai re Ju di ci ai re Lai lai e
lai ne lai ta ge lai té lai té e lai te ri e lai ti è re lai tu e lai ze

---

* *Défaire*, verbe de la 4me conjugaison.
Se défaire, verbe réfléchi.
** *Faire*, verbe de la 4me conjugaison.
*** *Le faîte* des grandeurs, de la gloire, etc.

la pi dai re lé ga tai re li né ai re lo ca tai re lu mi nai re lu-
nai re Mai mai re mai ri e mi li ai re mi li tai re mi tai ne
mo bi li ai re mo lai re Nu mé rai re O cu lai re o ri gi nai re
Pai re pai ri e pa ti bu lai re pé cu ni ai re po lai re po pu lai re
Quai Rai e re fai re re li quai re re pai re ro mai ne Sa lai re
sa lu tai re sé cu lai re se mai ne sé mi nai re se xa gé nai re so-
lai re so li dai re so li tai re su ai re su ze rai ne té Tai e tai re *
se tai re té mé rai re ti re-d'ai le ti tu lai re Vé té ri nai re vo-
ca bu lai re.

Phrases. **

La face patibulaire. La fête séculaire. La laitue romaine.
La pairie héréditaire. Le malade imaginaire. La jolie lai-
tière. Le remède salutaire. Le guide téméraire. La haine
jurée. Le député populaire.

---

* *Taire*, verbe de la 4ᵐᵉ conjugaison.

Se taire, verbe réfléchi.

** Les phrases de ce sixième exercice peuvent servir d'exemple de la
qualification du nom par l'adjectif; ainsi, l'on peut les faire analiser de cette
manière :

La, article; *face*, nom féminin; *patibulaire*, adjectif qualifiant *face*.

Le, article; *remède;* nom masculin; *salutaire*, adjectif qualifiant *remède*.

Je dois observer ici, que les remarques que l'on trouvera dans le cours de
cet ouvrage, ne sont pas nécessaires pour l'enseignement de la lecture, mais
l'on peut s'en servir pour donner à l'élève quelques notions sur la grammaire.

Elles serviront aussi à faire connaître l'orthographe des noms que la grammaire ne peut enseigner.

———

au.

A mi rau té au ba de au bai ne au be au da ce Au de au ge
au gu re au li que au mô ne au na ge au ne au ré o le au ri-
cu lai re au ro re au to-da-fé au to ma te au to ri té au xi li ai re
Ba gue nau de bau gue bau me Cau tè re Dau be dau ra de
É bau bi é bau bi e é me rau de é pau le' é tau Fau ne fau te
fau ve Gau de Gau le gui mau ve Hau te-pai e hau te-fu tai e
Jau ne Ma rau de mau di re* Mau ri ce mau ve mi nau de ri e
mi jau ré e Ni gau de ri e Pa pau té Pau pau me pau pi è re
pé tau di è re pi lau Ran ci té rau que ra vau da ge ra vau de-
ri e Sau ce sau ci è re sau ge sau le sau mu re sau ni è re
sau re sau va ge sau va ge ri e Tau pe tau pi è re.

———

eau.

Ba teau Beau cai re beau té be deau bu reau Ca deau ca-
veau co peau cô teau Go de lu reau go di veau La pe reau

---

* *Maudire*, verbe de la 4me conjugaison.

Ni veau Peau pi peau plu meau po teau Ra deau ra teau
ri deau Seau so li veau su reau Tau reau Veau.

Phrases.

L'aubade matinale. L'aurore de la vie. La baugue
marine. Le baume salutaire. La faute réparée. Le ni-
veau de l'eau. La racine sauvage.

Huitième Exercice.

---

ei.

U ne ba lei ne le ba lei neau le Dey l'ha lei ne la nei ge
la pei ne à pei ne la Sei ne le nu mé ro sei ze le to me
sei zi è me u ne vei ne d'eau vei né vei né e.*

---

* Cet exercice étant très-court, on ferait bien de faire relire le premier,
pour prolonger la leçon.

Neuvième Exercice.

eu.

A di eu a veu Ba beu re Dé jeu né de meu re deu té ro no me
deu xi è me Di eu Eu co lo gue Eu do xi e Eu gè ne Eu gé ni e
Eu la li e Eu re Eu ro pe Feu* feu e le feu** Gueu le
gueu lé e Heu re I xeu ti que Jeu jeu di jeu ne*** jeû ne Lieu
li eu e Meu le meu li è re meu te mi li eu Neu vai ne neu-
vi è me ne veu Peu peu-à-peu pi eu Queu e Vœu Œu vé
œu vé e.

Phrases.

Adieu, madame. J'ai vu la rivière de l'Eure. L'aveu de
la naïve Eudoxie. L'Europe policée. Voici l'heure du déjeuné. Le jeu de paume. La jeune écolière. Le jeune
élève. Le jeûne du carême. Le lieu de sa demeure. J'ai
une lieue à faire. Au milieu de la rue. La neuvième se-
maine. La queue d'une comète. Le vœu exaucé.

---

* Le mot *feu*, employé en parlant d'une personne morte depuis peu, n'a
de féminin que lorsqu'il est placé après l'article: *la feue reine*; ainsi l'on
peut dire : *feu ma mère*.

** *Le feu*, un des quatre élémens.

*** *Jeune*, qui est d'un âge peu avancé.

Jeûne, abstinence.

Dixième Exercice.

oi.

A loi a voine Boire * boîte Ciboire coi- coite ** Déboire
dépilatoire dilatoire divinatoire doloire Écumoire
Éloi étoile étoilé étoilée exécutoire Foi foie foire
Hoirie Ivoire Jaculatoire joie Laboratoire loi Mémoire méritoire miroiterie moi moi-même moine moi-
nerie moire moiré moirée moite moitié monitoire
Nageoire noire notoire Oie oratoire Paroi poilu poire
poiré poirée Quoi quoique Radoire révocatoire roga-
toire Roi roide *** Soi soi-même soie soierie soirée
soupatoire Toi toi-même toile toilerie toiture Voici
voie voilà voile voilerie voilure voirie vomitoire
voiture.

Phrases.

Boire de l'eau. L'étoile matinale. La rivière de la
Loire. La foi sauve l'âme. J'aime le foie d'oie. La loi
divine. La loi humaine. Le satirique Boileau.

---

* *Boire*, verbe de la 4ᵐᵉ conjugaison.
** *Coi*, *Coite*, adjectif. Tranquille, paisible; demeurer *coi*, *coite*.
Coite, substantif féminin, lit de plume.
*** On peut aussi prononcer et écrire *raide*.

Onzième Exercice.

___

OU.

Acajou amadou avoué Bijou bijouterie bouderie
boue houge bougie boule bouquinerie boutade boute-
feu boutique bouture Capoue ciboule cou couci-couci
coude coudée coulage coulée coulure coupe coupé
coupe-tête coupure courage coutume couture coutu-
ré couturée couturière couvée couvi Découpure dé-
route Douay douaire douane Douro doute douve
douzaine douze douzième Étoupe Fou fouace fougue
fouine foule foulure Genou goulu goulue goutière
Hibou houe houri Joue joujou joute Labourage licou
louage loupe louve louveterie Mou moue moulage
moule moulure Noue nouure nouveauté Ou où[*] ou-
ate oui oui-dire ouïe Padoue Pérou pou pouce poule
poulie poupée Recoupe redoute rouage roucou roue
rouge rougeole roulade roulage roupie route routine

___

7

Sa gou se mou le sou sou ci sou cou pe sou de sou du re
sou pa pe sou pa toi re sou pe sou pi è re sou ri ci è re sou ri re
sou ta ne sou te sou ti ra ge sou ve rai ne té Ta tou tou pi e
tou ri è re tou-tou Ve lou té ve lou té e voû te.

Phrases.

Voilà de l'amadou. Une douce mélodie. Le joli bijou.
La jolie poupée. L'habile couturière. Le hibou sauvage.
La houe utile. J'ai oui-dire cela. La boule jaune ou
rouge. Le lieu où je demeure. La voûte azurée. La
tulipe veloutée.

Douzième Exercice.

ui.

Ce lui cui ne cui re * cui te. Dé cui re dé dui re dui re É tui
e xi gui té Fa tui té fui e fui te Hui le hui tai ne hui ti è me
Jui ve rie Lui lui-même lui re Nui re nui té e Pui né pui né e
Re cui re ré dui re se ré dui re re fui te re lui re ruin ure Sui e
sui te sui ci de Té nui té tui le ri e Va cui té vi dui té.

---

* *Cuire, décuire, déduire, duire, luire, nuire, recuire, réduire, reluire,*
verbes de la 4ᵐᵉ conjugaison.

Treizième Exercice.

Y.

A loy aù a loy a ge Boy au Dé loy au té Hoy au Joy au Loy-
au té Moy eu Noy a le noy au pay e Ray u re roy au me
roy au té Tuy au tuy è re Voy a ge. *

---

* *Y*, tient la place de deux *ii* et se prononce ainsi: *aloi iau*, *boi iau*, etc.

A chaque exercice trop court pour une leçon, on peut joindre l'un des
précédens, qu'on fera lire aussi couramment qu'il sera possible, c'est-à-dire,
en ne s'arrêtant point à chaque syllabe.

TROISIÈME PARTIE.

Quatorzième Exercice.

Bla blé blé blè blê bli bly blo blu.

Able abominable adorable aimable aliénable amiable Bible blibliomane bibliomanie blâmable blâme blaude blé bleime blème* bleu bleue blocage bluterie Câble capable coobligé coupable curable Déblai décevable décimable défavorable diable diablerie diabolique doublage double doublure durable Équitable érable étable établage établi évitable évocable exigible exorable Fable faible ** favorable Guéable

* *Bleime*, maladie des chevaux.
Blême, pâle.
** *Faible*, adj., qui manque de force.
Faible, subst., le faible d'une cause.

Habitable hâblerie hièble honorable Imaginable imitable inaliable inaliénable inamovible inéligible inévitable inexorable inimaginable inimitable Jable jabloire Labourable logeable louable Maniable mariable mémorable meuble muable Négociable niable noble notable Obligatoire obligé oblique obliquité oubli oublie Payable pénible pitoyable potable publicité Râble râblu râblue recevable redevable redoutable rejetable réparable république requérable rétable révoquable rouble Sable sablière sécable secourable séparable sociable soluble souhaitable soutenable sublimatoire sublime sublimé sublimité Tablature table tenable tolérable Valable variable végétable vénérable véritable viable volable.

Phrases.

Une maladie curable. Une mine défavorable. Le sourire amiable. Une aimable amie. Le vice blâmable. Une face blême. Une jolie fable. Lire la bible. Une amitié durable. Une faible image. Le juge inexorable. Une habitude louable. Le meuble maniable. Le pénible voyage. Une cabane habitable.

Quinzième Exercice.

Cla cle clé clè clê cli cly clo clu.

Baclage binocle boucle Cénacle clabaudage clabauderie claie Claire clairée claire-voie clairière claque Clarice clarine Claude claveau clavelé clavelée clavicule cléricature climatérique chimique Clio clique cloaque clore[*] clôture clou clouterie cloutière clymène cycle cyclique cycloïde Débâcle déclamatoire déclaratoire déclinable déclinatoire déclivité déclore Éclairage éclaire éclore Épicycle épicycloïde Habitacle hémicicle hétéroclite Miracle monocle Oracle Pinacle Racloire raclure réclame reclure se reclure Sicle siècle socle Tire-clou.

Seizième Exercice.

Fla fle flé flè flê fli fly flo flu.

Éraflure Flamine flaque flaquée Flavie fleurage fleuve flexibilité flexible Flore flou fluide fluidité

---

* *Clore, déclore, éclore, reclure,* verbes de la 4me conjugaison.

flûte flûté flûtée Girofle giroflée Maroufle moufle
mouflé mouflée mufle Nèfle Rafle reflèxe réflexibilité
réflexible Trèfle tréflé tréflée *

Dix-septième Exercice.

Gla gle glé glè glê gli gly glo glu.

Aglaé aigle aveugle Bigle bugle Eglé églogue glace
glacée glacière glaire glaive glanage glane glanure
glaucome glèbe glène glénoïdable glénoïde globe
globule gloire gloriole glou-glou glu gluau glui Règle
réglure remugle Seigle **

Dix-huitième Exercice.

Pla ple plé plè plê pli ply plo plu.

Apoplexie Couple Décuple déplaire *** se déplaire
déplorable déplumé déplumée diplome diplomatique
diplomate duplicata duplicature duplicité dupliqué

---

* On fera lire couramment un des précédens exercices.
** Répétez un exercice précédent.
*** *Déplaire*, *plaire*, verbes de la 4me conjugaison.

Epiplocèle éploré éplorée Placage place plage plagiaire plaie plaidoirie plaidoyable plaine plaire se plaire planétaire planète planimétrie planure plaque platane ou plane platée platine platitude platonique plénière plénitude pli pliable pliage plie plique ou plieu plocage plumage plume plumée pluralité pluviale pluie Souple.

Dix-neuvième Exercice.

Bra bre bré brè brê bri bry bro bru.

Abracadabra abrégé abri à l'abri abrohani Braie braire* braque bravade brave bravo bravoure brebiage breloque brème breuvage bréviaire bribe bricole bride brie briéveté brigade brigue brique briquetage briqueterie brocoli broderie brou brouhaha bru bruine bruire brûlure brumaire brume brutalité brute bruyère bry Cabri cabriole La Calabre calibre célèbre célébrité colibri l'Ebre équilibre

---

* *Braire*, verbe de la 4ᵐᵉ conjugaison.

Fabrègue fabrique fébrile fibre funèbre Hébraïque hébreu Libraire librairie libre lubricité lubrique lugubre Rubrique Sabre salubre salubrité sobre sobriété le Tibre Zèbre.

~~~~~~

Vingtième Exercice.

______

Cra cre cré crè crê cri cry cro cru.

Acre âcreté acrimonie acrobate acronique acromatique autocrate Crabe Cracovie craie crâne crapaudière crapaudine crapule craquerie cratère cravate créature crédibilité crédo crédule crédulité crème crémière crénelage crénelure créole crépage crêpe crépi crépine crêpu crêpue crête crêté crêtée cri crible criblure criée crierie crime crinière crique critiquable critique Crocodile croire* se croire croître crone croque-note croupade croupe croupière croûte croyable cru** crue cruauté crucifère crudité cruzade Décré-

______

* *Croire, croître, décrire, décroire, écrire, mécroire, récrire,* verbes de la 4ᵐᵉ conjugaison.

** *Cru, crue,* participes des verbes *croire* et *croître.*
Cru, crue, adj., qui n'est point cuit.
Cru, subst. masc., terroir. *Crue,* subst. fém., augmentation.

9
~~~~~~

pi tu de dé cré ta le dé cri dé cri re dé croi re dé mo cra te dé mo cra ti e dé mo cra ti que di a cre É cri re é cri toi re é cri tu re é cru é cru e é crou e xé cra ble Fi a cre Hy po cri te Lu cre Mé di o cre mé di o cri té mé croi re Na cre né cro lo ge né cro lo gi e O cre Po la cre Ré cri mi na toi re ré cri re re cru* re cru e Sa cre sa cri fi ca tu re sa cri fi ce sa cri lé ge se cré tai re se cré tai re ri e se crè te sé cré toi re si mu la cre su cre su cre ri e.

***

Vingt-unième Exercice.

———

Dra dre dré drè drê dri dry dro dru.

Ca dra tu re ca dre cou drai e cou dre cé dre cé dri e ci dre Dra gé e dra gue dra ma ti que dra me dra pe ri e dro gue dro gue ri e drô le drô le ri e droi tu re Dro ma dai re drou i ne dru** dru e drui de dry a de Fou dre Ha ma dry a de hy dra go gue hy drau li que hy dre hy dro cè le hy dro co ty le

---

* *Recru, recrue*, adj., harassé, las. *Recrue*, subst. fem., nouvelle levée de gens de guerre.

** *Dru, drue*, adj., vif, gai, en parlant des petits des oiseaux. Épais, touffu, en parlant des plantes.

hy dro ti que La dre la dre ri e Ma dra gue ma dré ma dré e
ma dré po re ma dru re mé lo dra me mou dre Pou dre pou-
dri è re Qua dre qua dra tu re * qua dri ge qua dri la tè re
qua dri no me qua dru pè de.

Vingt-deuxième Exercice.

———

Fra fre fré frè frê fri fry fro fru.

A fri que Ba fre ba la fre Ca fre Dé fro que Fi fre fra gi le
fra gi li té frai ** frai ri e frau de fre dai ne fré ga te frê le
fre la te ri e frê ne fré né ti que frè re fri a bi li té fri a ble
fri gi di té fri go ri que fri mai re fri me fri pe ri e fri pe-sau ce
fri re fri vo le fri vo li té fri tu re fro ma ge fro ma ge ri e
fro ma gè re fru ga li té fru gi vo re frui ta ge frui té frui té e
frui te ri e Ga li ma fré e gau fre gau fru re Nau fra ge nau-
fra gé nau fra gé e Sa fre sou fre.

---

* *Quadrature*, terme d'horlogerie. Prononcez *ka-dra-tu-re*.
Quadrature, terme d'astronomie et de géométrie. Prononcez *koua-dra-tu-re*.
Dans les mots suivants, *qua* se prononce aussi *koua*.
** *Frai*, l'action de frayer.

Vingt-troisième Exercice.

Gra gre gré grè grê gri gry gro gru.

Agrafe agraire agréable agricole agrie agripaume
agronome agronomie aigre aigre-moine aigre-more
alègre alègro* Coque-cigrue Degré Émigré émigrée Gra-
bataire grabuge grâce graciable gracilité grade graine
grairie gratitude gratuité grave gravelé gravelée
gravelure gravité gravure gré gradinerie grège grè-
gue grêle grenade grenadière greneterie grenu grenue
gri-gri grigou grimace grime grimelinage grimoire
grive grivelé grivelée grivelure groupe grue gruerie
ou grairie grume gruyère Maigre migraine Nègre
négrerie Ogre Podagre Ségrairie simagrée Tigre
Vinaigre.

Vingt-quatrième Exercice.

Pra pre pré prè prê pri pry pro pru.

Apre âpreté Capraire câpre caprice Dépri diapré
diaprée diaprure Épreuve Lèpre Prairie praline prame

---

pra ti ca ble pra ti que pré pré a la ble pré cai re pré ci pi ce pré ci pi té pré co ce pré co ci té pré di ca ble pré di re pré fa ce pré fé ra ble pré ju di ce pré ju di ci a ble pré ju gé pré la tu re pré lu de pré ma tu ré pré ma tu ré e pré ma tu ri té pre na ble pré pa ra toi re pré ro ga ti ve pré toi re pré tu re preu ve pré vo té pri e-dieu pri è re pri eu re pri eu ré pri mau té pri me pri me-vè re pri mo * pri mo gé ni tu re prio ri té pri vau té pri vé pri vé e pri vi lé ge pri vi lé gi é pri vi lé gi é e pro ba bi li té pro ba ble pro ba ti que pro ba toi re pro be pro bi té pro blé ma ti que pro blè me pro cé dé pro cé du re pro cu re pro di ga li té pro di ge pro di gue pro dui re pro fa ne pro fi ta ble pro gé ni tu re proi e pro lé tai re pro li fi que pro li xe pro li xi té pro lo gue pro me na de prô ne pro pi ce pro pre pro pre té pro pri é tai re pro pri é té pro ra ta pro te pro té e pro to ca no ni que pro to co le pro to ty pe proue pro xè ne pro xi mi té pro xé nè te pru de pru de ri e pru ne pru ne lai e pry ta né e Qui pro quo ré ci pro ci té ré ci pro que ré pri ma ble re pro dui re Su prê me.

---

* *Primo*, adverbe.

Vingt-cinquième Exercice.

Tra tre tré trè trê tri try tro tru.

A ca ri â tre a é ro mè tre a é ro mé tri e a pô tre a tra bi lai re
â tre a tro ce a tro ci té au tre * au trui Be li tre bleu â tre
Cloî tre croî tre ** cou tre Dé ca li tre dé ca mè tre dé ci li tre
dé ci mè tre dé croî tre dé trui re se dé trui re di a mè tre
di a tri be dou ceâ tre É co lâ tre é pau tre é pî tre é tra ve
être *** é tri è re é tri qu é é tri qu é e é tri vi è re é tro pe Fenê trage fenê tre feu tre fo lâ tre fo lâ tre rie fra tri ci de gé o-
mè tre gé o mé tri e gé o mé tri que guè tre goi tre Hé li o tro pe
hê tre **** hexa mè tre hui tre I do lâ tre i do lâ tri e i do lâ tri-
que Jau nà tre Ki lo li tre ki lo mè tre Li tre lou tre Maî tre
ma lo tru ma râ tre ma tri cai re ma tri ce ma tri cu le ma-
tro ne mè tre mé tri que mé tro ma ne mé tro ma ni e mé tro-
mè tre mé tro po le mi tre mi tré mi tré e my ri a li tre
my ri a mè tre Naî tre neu tra li té neu tre ni tra te ni tre

---

* *Autre*, pronom relatif.
** *Croître, décroître, détruire, naître, paître, paraître, recroître, repaître, reparaître, retraire, traduire, traire*, verbes de la 4.me conjugaison.
*** *Être*, verbe auxiliaire. *Être*, est aussi subst. : *l'Etre suprême*; *les êtres* d'une maison.
**** *Hêtre*, grand arbre.

nitrière noirâtre notre* le nôtre notre-dame Opiniâtre opiniâtreté outrage outre outre-moitié paître se paître paraître paramètre pâtre patrie patrice patrimoine patriote patriotique patronage patronimique pénétrabilité pénétrable périmètre pétrole piètre piètrerie plâtre plâtrière poitrinaire poitrine poutre prêtre préture pupitre putride putridité Quatrième Rapatriage recroître reitre repaître se repaître reparaître retraire retraite rétrograde rougeâtre Satrape sénatrice symétrie symétrique Tétraèdre tétragone titre trace traduire tragédie tragi-comédie tragi-comique traine trainée traire traitable traite traité trapèze trapézoïde trapu trapue traque travade travée trèfle treize treizième tréma trémie trève tri triage tribu tribune tributaire tricolore tricotage trigauderie trinité trinome trio tripe triperie tripière triple triplicité tripoli tripotage triturable trivialité trône trope tropique tropologique trou trouble trouble-fête trouée troupe truble truie truite truité truitée Vitrage vitre vitrerie vitrifiable vitriolé vitriolée vitriolique votre le vôtre Zoolatrie.

Vingt-sixième Exercice.

Vra vre vré vrè vrê vri vry vro vru.

Ba lè vre Ca da vre cou leu vre cou leu vré e ou Bri oi ne
cou le vri ne cou vre-feu cui vre Fi è vre Ge ni è vre gi vre
Ha vre I vre i vrai e Lè vre li vre li vré e lou vre Ma nœu vre*
mi è vre mi è vre ri e mi è vre té Né vri ti que né vro lo gi e
OEu vre** ou vra ble ou vra ge ou vra gé ou vra gé e Pau vre
pau vre té poi vra de poi vre poi vri è re Re cou vra ble re vi
vre*** Se vra ge Sè vre Sui vre Vi vre vrai vrai e.

Vingt-septième Exercice.

Cha che ché chè chê chi chy cho chu.

A bou chou chou a che A chi le a chi o te a chi re a lou chi
a mi cro che Au tru che Ba bou che ba cha ba che ba chi que
ba cho ta ge bê che bé chi que bi che bi che ta ge bi cho

---

* *Manœuvre*, subst. masc., aide à maçon, à couvreur, etc.
Manœuvre, subst. fém., la manœuvre d'un navire.
** *OEuvre*, subst. masc. et fém.
*** *Revivre, suivre, vivre*, verbes de la 4ᵐᵉ conjugaison.

blè che bo bè che bo dru che bou che bou ché e bou che ri e
bou che tu re bou che-trou brè che bre lu che bri o che bro-
che bro ché e bro chu re bû che Ca bo che ca che ca che mi re
ca che xi e ca chou ca lè che ca ni che ca pe lu che ca ra che
ca ra gach chaî ne chai re cha li bé cha li bé e cha lou pe
cha ma de cha me cha noi ne cha noi ni e cha pe cha pe li è re
cha pe li ne cha pe lu re cha pî tre cha que cha ra de cha ri-
ta ble cha ri té cha ri va ri cha ti è re chau di è re chau la ge
chau ma ge chau me chau mi è re chau mi ne chau ve cha-
va ri a che mi né e chê nai e chê ne che ne vi è re che nu
che nu e chè re * che va le ri e che vau ché e che ve lu che ve lu e
che veu chè vre che vro ti ne chi ca ne chi ca ne ri e chi che
chi co ré e chi mè re chi mé ri que chi mi e chi mi que chi na
chi pa ge chi que chi que nau de chi tô me chi u re de mou che
cho co la ti è re chô ma ble chô ma ge cho pi ne chou chou-là
cli cha ge cli ché clo che co che co que lu che cou che cou ché e
crè che cro che cro chu cro chu e cru che ** cru ché e cruche ri e Dé bau che dé bou ché dé chi que tu re dé chi ra ge
dé chi ru re Du ché É bau che é chau bou lé é chau bou lé e
é chau bou lu re é chau dé é che no é che ve lé é che ve lé e

---

* *Chère*, faire bonne chère, dans ce sens ce mot est substantif.
** *Cruche*, vase de terre; au figuré, stupide, sot.

échine échinée échinite Fàcherie farouche fiche fichu fichue fichure flache flèche . Gâche galoche gauche gaucherie gavache godiche la hache* la hoche le hochequeue la huche Jachère Lâche làcheté lèche-frite lichenée loche logomachie louche Mâche mà-chelière mâchemoure machiavélique màchicatoire machine mâchoire maréchalerie mèche médianoche mouche moucheture mouchure Niche nichée Pacha panache péché ** pèche *** pècherie peluche peluché peluchée piédouche pioche poche picholine prêche proche Rabàchage rabàcherie rachetable rachitique rechute réfléchi réfléchie relàche reproche revêche rich riche **** roche ruche Sachée sacoche sèche ***** souche souchetage Tache ****** tâche touche tricherie trochile Vache vacherie Zabache.

---

* Dans le courant de cette Méthode, je ferai précéder de l'article les mots commençant par une *h*, afin de distinguer l'*h* muette, au moyen de l'apostrophe, de l'*h* aspirée, qui ne demande pas l'élision.

** *Péché*, transgression de la loi divine.

*** *Pêche*, fruit à noyau, et *pêche*, prendre du poisson, s'écrivent de même.

**** *Riche*, est adj. dans cette phrase: un homme *riche*; il est subst. dans celle-ci: le *riche* et le pauvre sont égaux devant Dieu.

***** *Sèche*, subst. fém, poisson, s'écrit comme *sèche*, fém. de l'adj. sec.

****** *Tache*, souillure; *tâche*, travail fixé.

Ch, *dans les mots suivants, prend le son du* k.

A na cho rè té Bra chi o Ca té chu mè ne chi ro lo gi e cho là lo-
gue cho li do que chro ba te cho roï de É cho é cho mè tre
é cho mé tri e Mé lo chi a Tro cha ï que tro ché e chla my de
co chlé a ri a a chro mà ti que a chro ni que chrê me chré meau
chro ma ti que chro ni que chro no lo gi e chro no lo gi que chro-
no lo gue chro no mè tre.

Vingt-huitième Exercice.

Gna gne gné gnè gnê gni gny gnô gnu.

A gna ti que a gne li ne a rai gne a rai gné e Au ba gne au bi-
gni Ba gne bai gnoi re bé ni gni té Bou lo gne bou ra gne
Bri gno le Ca ta lo gne ca va gno le châ tai gne châ tai gne rai e
Ci go gne co gné e co gne-fé tu Cy gne * Di gne di gni tai re
di gni té du è gne É gra ti gnu re Ga gna ge gno me gno mi-
que gno mo ni que gui gne I gna re i gné i gné e i gni co le

---

* *Cygne*, subst. masc., oiseau.

ignoble ignominie ivrogne ivrognerie Kagne Lignage ligne lignée Magnanime magnanimité magnétique magnifique malignité Ognonière Pagne pagnote pagnoterie peigne poignée Progné Règne rogne rognure Saignée seigneuriage seigneurie signature signe* Teigne teignerie témoignage tire-ligne trogne Vigne vignoble vigogne.

~~~~~~

Vingt-neuvième Exercice.

Pha. phe phé phè phê phi phy pho phu.

Acéphale agriophage aphélie aphonie aphronitre apocryphe autographe Bibliophile bibliographe bibliographie biographe biographie Cacophonie cénotaphe céphalique céphée colophane coriphée Diaphane diaphanéité diaphénie diaphorétique Éphèbe éphèdre éphémère épigraphe épiphanie épitaphe épiphonème

---

* *Signe*, marque, indice.
~~~~~~

é pi pho re eu pho ni que Gé o gra phe gé o gra phi e gé o gra-
phi que gra pho mè tre Ha gi o gra phe hi é ro gly phe hi é ro-
gly phi que hy dro gra phi e hy dro gra phi que hy dro pho be
hy dro pho bi e ho mo pho ni e I co no gra phi e i co no gra phi-
que Li mi tro phe lo go gri phe Mé phi ti que mé ta pho re
mé ta pho ri que Né o gra phe né o phy te né phré ti que O lo-
gra phe Pa ra gra phe pha lè ne pha re phé no mè ne phé ré cra te
phi lo lo gi e phi lo lo gi que phi lo lo gue phlé bo to mi e phœ ni-
cu re pho que phré né ti que py ro pho re Ta chi o gra phi e
ou ta chi gra phi e ta chi gra phi que té lé gra phe té lé gra phi que
tri gly phe tro phé e ty po gra phe ty po gra phi e ty po gra phi que
Xé ro pha gi e xi pho ï de Zo o gra phi e zo o pho re zo o phi te
zo o phi to lo gi e Pneu ma ti que pneu ma to cè le pneu ma to-
lo gi e pneu mo ni que psau me pseu do ny me pso ra pso ri que
psy co lo gi e psy co mè tre pty a la go gue Rhé to ri que rhu me
Rhô ne.

Trentième Exercice.

Sbi re sca lè ne sca pu lai re sca ra bé e sca ra mou che sca re
sceau scè ne scé ni que scé no gra phi e scé no gra phi que
sci a ge sci a té ri que sci a ti que sci e sci o gra phi e sci u re

sclé ro ti que sco la ri té sco li e sco ri e sco ri fi ca toi re scri be
scro fu lai re scru pu le scy ta le spa spa gy ri que spa hi spa lu te
spé ci a li té spé ci fi que spé cu lai re spé e spha cè le spha cé lé
spha cé lé e sphé no ï de sphè re sphé ri ci té sphé ri que sphé-
ro ï de spi ca spi ci lé ge spi ra le spi re spi ri tu a li té splé ni que
spo de spo ra de spo ra di que squi ne sta bi li té sta ble sta de
sta ge sta mi né e sta phy lo me sta phy le sta ti que sta tu ai re
sta tu e sta tu re sté a ti te sté a to cè le sté a to me sté no gra-
phi e stè re sté ré o gra phie sté ré o mè tre sté ré o to mi e sté-
ré o ty pa ge sté ré o ty pe sté ri le sté ri li té sti bi é sti bi é e
sto ï que sto ma chi que sto re stra ta gè me stra to gra phi e
stri é stri é e stro phe stu pi de stu pi di té sty le.

Trente-unième Exercice.

Tha the thé thè thê thi thy tho thu.

A go no thè te a na thè me a pa thi e a pa thi que é pi thy me
a po thi cai re a po thi cai re ri e a thé e a thé né e a thé ro me
a thlè te a thlé ti que a thlé o tè te Bi bli o thé cai re bi bli o thè-
que Ca thé dra le ca thé ré ti que Ca the ri ne ca tho li ci té
ca tho li que cy a ni the cy a the Cy thè re É thé ré é thé ré e

é thi que Go thi que Hy po thé cai re hy po thè que hy po thé-
ti que I di o pa thi e i di o pa thi qué Lé pi do li the li po thi mi e
li thi que li tho lo gi e li tho lo gue li tho pha ge li tho phi te
li tho to me li tho to mi e Ma thé ma ti que mé tho de mé tho-
di que mi thri da te my the my tho lo gi e my tho lo gi que
Pa thé ti que pa tho gno mo ni que pa tho lo gi e pa tho lo gi que
py rè thre py thi e Thé thé â tre thé iè re thè me thé o cra-
ti que thé o go ni e thé o lo ga le thé o lo gi e thé o lo gi que
thé o rè me thé o ri e thé o ri que thé ra peu ti que thé ri a que
thu ri fé rai re.

Phrases.

Une boucle dorée. La lumière réflexible. La route
suivie. La jeune mijaurée. Le naulage payé. Une loyauté
rare. Une joie naïve. Une âme atroce. L'ouvrage fini.
La retraite du sage. L'étoile qui va reparaître. Le prêtre
honoré. La patrie révérée. Détruire le vice. Suivre la
trace de la vérité. Voilà notre parapluie, voici le vôtre.
Votre livre sera goûté, le nôtre sera lu. Votre colère
provoque la nôtre. Être opiniâtre. La prune reine-Claude.
Le propriétaire géné. La promenade reculée. Le prodige
opéré. Le miracle avéré. La probité prouvée. La prière

exaucée. La prairie fleurie. Dieu jugera le coupable. La faute sera réparée. L'aveugle égaré. Le nègre fatigué. Le moine défroqué. Le frivole caprice. Le frêle navire. La frégate Africaine. La dragée sucrée. Le lugubre équipage. Le breuvage salutaire. Déplaire au maître.

QUATRIÈME PARTIE.

Trente-deuxième Exercice.

Ab eb ib yb ob ub.
Ac ec ic yc oc uc.

Abbaye abbé abec ab hoc ab hac ab irato abject abjecte abside absolu absolue absolutoire absoudre [1] absoute acatalecte ou acatalectique accéléré acclimaté acclimatée accolade accolage accolure accouchée à l'accoutumée [2] accouvé accouvée accroc [3] accrocs accroche accroire accroître accrue acte activité agaric agarics amict amicts anecdote apodictique apoplectique aqueduc aqueducs arack arec avec [4] Bac bacs bacchanale [5] bec becs bec-d'âne bec-figue bec-de-lièvre becquée bloc blocs bouc boucs

---

1 *Absoudre, accroire, accroître, abstraire,* verbes de la 4me conjugaison.

2 Façon de parler adverbiale.

3 *Accroc,* subst. masc. sing.; *accrocs,* subst. masc. pluriel. On trouvera dans cet Exercice plusieurs exemples du pluriel. Le singulier ne désigne qu'un seul objet; le pluriel en indique plusieurs, ainsi l'on dira : un miroir, des miroirs; le sac, les sacs, etc. C'est ce qu'on appelle le nombre.

4 *Avec,* préposition, mot invariable. On distingue la préposition de l'adverbe ou de la conjonction, en ce qu'on peut placer à sa suite les questions: *qui? quoi?* exemples: *avec* quoi? *pour* qui? *dans* quoi? *de* qui? etc.

5 *Bacchanale,* prononcez *ba-ka-na-le.*

de bric ou de broc butonic Caduc caduque caractère catalecte ou catalectique cataracte caudebec choc chocs club clubs cric-crac croc Dactyle dactytologie dactytonomie défructu déjuc délectable dialecte dialectique dictame dictature dictée didactique dirèct directe directoire docte doctorerie doctrine drachme [1] duc ducs ductile ductilité Échec échecs ectype électricité électrique électromètre électuaire épacte étoc étocs exact exacte exactitude Fac-similé factice factorerie facture fic fics fracture fracturé fracturée froc frocs fruitière Gobbe grec grecque le Hamac l'hectare l'hectolitre l'hectomètre le hic le hoc le havre-sac Ichnographie ichnographique ictère ictérique inaccoutumé inaccoutumée inactivité inexact inexacte inexactitude inoccupé inoccupée Lac lacs [2] voie-lactée lecture loch Manioc manufacture mic-mac Noctiluque nyctalope nyctalopie Octaèdre octave Octavie octobre octogénaire octogone octroi octrois octuple Pacte pec peccable peccata peccavi pecque pic pics ploc polytechnique projectile public publique pyrothecnie pyrothecnique raccroc raccrocs recta rectitude recto réfectoire réfractaire repic repics ric-à-ric réproductibilité réproductible Rob robs roc rocs Sabbatine sabbatique sabech sac sacs saccade saccage salamalec sec sèche sectaire secte socque subside subsidiaire subtilité suc sucs sumac sumacs Tabac tabacs tac-tac tact tic tactique trac trafic trafics tric-trac troc trocs Vaccine varech victimaire victime victoire Victorine Zymotechnie.

Abstème abstraire Obscène obscénité obscurité obstacle.

---

[1] *Drachme*, prononcez *drag-me*.

[2] *Lacs*, pluriel de *lac*, amas d'eau. *Lacs*, signifie aussi piége; dans ce sens on ne prononce pas le c.

Trente-troisième Exercice.

Ad ed id yd od ud.
Af ef if yf of uf.

Ablatif ablatifs actif active adjectif adjectifs adjudicataire adjudicatif adjudicative adminicule admirable admiratif admirative affabilité affable affaire affairé affairée affaitage affamé affamée affectif affective affété affétée afféterie affiche affidé affidée affinage affinerie affinité affleurage afflictif afflictive affouage affutage apéritif apéritive auditif auditive Badaud badaude baud bœuf bœufs bouffée bref brève brief briève buffle Cadmie canif canifs chaud chaude chauffage chauffe chaufferie chef chefs chef-lieu chétif chétive chiffe chiffre cid clabaud clabauds clef clefs coadjutorerie coffre coiffe coiffure copulatif copulative couvre-pied couvre-pieds crapaud crapauds cumulatif cumulative curatif curative Datif David déchiffrable déclaratif déclarative défectif défectifs définitif définitive délibératif délibérative dénominatif dénominative dépilatif dépilative déprécatif déprécative dépuratif dépurative derechéf [1] dérivatif dérivative dévolutif dévolutive diffamatoire difficile diminutif diminutive Ébouriffé ébouriffée échafaud échafauds échaufourrée échauffure échiffre effaçable effaçure effectif effective efficace efficacité effigie effilure effréné effrénée effroi effroyable électif élective éphod éphods

---

1 *Derechef*, adverbe.

éteuf [1] étoffe étouffade exagératif exagérative Fautif fautive fédé
ratif fédérative fictif fictive fief fiefs figuratif figurative finaud
finaude froid froide à froid [2] fugitif fugitive Gaffe génératif
générative génitif génitifs goffe gouffre greffe grief griève [3] griefs
griffade griffe grimaud grimauds Hatif hative If ifs imaginatif
imaginative imitatif imitative inactif inactive ineffabilité ineffable
ineffaçable inefficace inefficacité itératif itérative Joug jougs juif
juifs Kaadsi koff Laid laide laxatif laxative lénitif limitatif limi-
tative locatif locative lods lof Mafflé mafflée maladif maladive
maraud maraude méditatif méditative mémoratif mémorative mœuf
motif motifs mufti muid muids Naffe naïf naïve natif native
nef nefs négatif négative neuf [4] neuve nid nids nigaud nigaude
nœud nœuds noireaud noireaude nominatif nominatifs nutritif
nutritive Objectif objective obstructif obstructive œuf œufs office
officialité offre opilatif opilative ouf Palinod pataraffe pataud
patauds le roi pétaud piaffe pied pied-de-chèvre pied-de-bœuf
pied-de-veau pied-de-mouche pignoratif pitaud pitaude plaid plaids
plumitif plumitifs poids [5] pouf préparatif préparatifs Primitif
primitive privatif privative profectif profective prohibitif prohi-
bitive putatif putative quinaud quinaude Raffinage raffinerie
raréfactif raréfactive réactif rebuffade réchaud réchauds récif ré-
cifs récitatif récréatif récréative rédhibitoire réductif réductive

---

1 *Éteuf*, on prononce *éteu*, et devant une voyelle *éteuf*.
2 *A froid*, adverbe.
3 *Grief, griève*, adjectif, énorme. *Grief*, subst. masc., dommage que l'on reçoit.
4 *Neuf*, adj. numéral, *huit, neuf, dix*, etc. *Neuf, neuve*, adj., qui n'a point encore
servi.
5 *Poids*, pesanteur.

réduplicatif réduplicative réfrigératif réfrigérative relatif relative relief reliefs remémoratif remémorative rétif rétive rétroactif rétroactive roboratif roborative rougeaud rougeaude Sauf [1] sauve sédatif sédative significatif significative soffite soif soporatif soporative soufflage souffle soufflerie souffleture soufflure souffrage spéculatif spéculative sud suffire suffrage suif Taled taraud tarauds tarif tarifs tire-pied tire-pieds touffe touffu touffue trépied trépieds trigaud trigaude truffe tuf Unitif unitive Vanu-pieds végétatif végétative veuf veuve vif vive vocatif vocatifs. vomitif vomitive votif votive.

Trente-quatrième Exercice.

Al el il yl ol ul.

Accul [2] achillée actuel actuelle adulte adultère agriculture alcade alcaïque alcali ou alkali alchimie alchimique alcohol alcove algarade algèbre algébrique algue allée allégorie allégorique alléluia alliage allié alliée allobroge allophille allouable alloué allumé allumée allure almanach alpha alphabétique Alphée alpiou alte alvéole amalgame Amalthée amical amicale amiral anille animal [3] animale animalcule anomal anomale autel autels aval avril Babel babil baccanal bagatelle bal bals ballade balle

---

[1] *Sauf, sauve,* adjectif. *Sauf,* préposition , *sauf votre honneur.*

[2] *Accul,* prononcez *l.*

[3] *Animal,* ce mot est substantif dans cette phrase, *c'est un animal* ; et il est adjectif dans celle-ci, *le règne animal.*

14

balsamine balsamique banal banale baril [1] barils bellâtre beau belle belle-mère bretelle brumal brumale brutal brutale bulle Cabillaud , cabillauds cal calcaire calcédoine calcul calculable calfatage calfeutrage Calliope callipédie calme calque calvaire calville camomille canal , canonial canoniale capillaire capital [2] capitale caporal caramel catafalque cavalcade celle celle-ci celle-là [3] cellule cérébral cérébrale cérémonial chalcique [4] chalcographe chalcographie chaldaïque chapelle chenil [5] cheval ciel ciels [6] cil civil civile clérical cléricale codicille col colchique collage collatéral collatérale colle collecte collectif collective collége collégial collégiale collègue colline colloque colonel colonels colonelle colza coupelle coutellerie coutil [7] crécelle criminel criminelle crucial cruciale cruel cruelle cul [8] cul-de-sac culbute culpabilité culte cultivable culture curatelle curial curiale Dalle dalmatique décimal décimale déloyal déloyale diagonal diagonale diamétral diamétrale doctoral doctorale doctrinal doctrinale dominical dominicale dotal dotale duel Échelle écuelle écuellée égal égale électoral électorale l'île d'Elbe elle [9] elle-même ellébore elme équilatéral équilatérale équimultiple équinoxial équinoxiale Facultatif facultative faculté falbala fallace fanal fatal fatale

---

1 *Baril*, prononcez *bari*.

2 *Capital, capitale*, ces mots sont adj. dans ces phrases, *péché capital ; peine capitale ;* et ils sont subst. dans celles-ci, *je vais à la capitale ; j'ai doublé mon capital.*

3 *Celle, celle-ci, celle-là*, pronoms démonstratifs.

4 *Chalcique*, prononcez *kal*, ainsi que dans les trois mots suivants.

5 *Chenil*, prononcez *cheni*.

6 *Ciels*, on dit plus souvent *cieux* au pluriel.

7 *Coutil*, prononcez *couti*.

8 *Cul*, prononcez *cu*.

9 *Elle*, pronom personnel, au singulier.

femelle férial fériale ficelle filial filiale fil fils fils [1] filtre
final finale flanelle floréal fol ou fou folle folliculaire follicule
frugal frugale Gabelle galle [2] gamelle gazelle général [3] générale
géométral géométrale golfe graduel graduelle l'habituel l'habituelle
le Hallage la halle le hallebréda la halte l'hellénique l'helvétique
l'hôpital l'hôtel l'hôtellerie Idéal idéale idylle il [4] ils illégal
illégale illégitime illégitimité illicite illimité illimitée illuminatif
illuminative inaltérable inégal inégale Javelle jovial joviale
jumeau jumelle juvénil juvénile Kyrielle Labial labiale lacry-
mal lacrymale latéral latérale légal légale lequel laquelle [5]
libelle libéral libérale linéal linéale lixiviel lixivielle local
locale loyal loyale Machinal machinale madrigal mal malbâti
malbâtie mal-être mal-famé mal-famée malgré malhabile malha-
bileté malle [6] malpropre malpropreté maltote malvoulu malvoulue
mamelle manivelle manuel [7] manuelle marital maritale matériel
matérielle matinal matinale matrimonial matrimoniale matutinal
matutinale médical médicale médicinal médicinale médullaire
mémorial mérelle méridional méridionale métal métallique miel
mil ou mille [8] millième millimètre millionième minéral [9] miné-

---

1 *Fils*, s'écrit au singulier comme au pluriel. On prononce *fis* devant une voyelle et
à la fin des phrases, et fi ailleurs.

2 *Galle*, noix de galle. *Gale*, maladie de la peau.

3 *Général*, subst. masc., un *général*. *Général*, *générale*, adjectif. *En général*, adverbe.

4 *Il*, pronom personnel, singulier, dont le pluriel est ils.

5 *Lequel*, *laquelle*, pronoms relatifs.

6 *Malle*, coffre pour mettre des hardes. *Mâle*, qui est du sexe masculin.

7 *Manuel*, *manuelle*, adjectif. Un *manuel*, substantif.

8 *Mil* ou *mille*, adj. numéral; il n'a pas de pluriel.

9 *Minéral*, subst., corps solide. *Minéral*, *minérale*, adjectif.

rale mirabelle moelle [1] mollière monacal monacale monitorial monitoriale monosyllabe monosyllabique moral [2] morale multiple multipliable multiplicité multitude municipal [3] municipale mural murale mutuel mutuelle Nacelle natal natale naturel [4] naturelle naval navale nielle noël nouveau ou nouvel nouvelle nul nulle nullité numéral numérale nyabel Occulte original [5] originale originel originelle outil [6] oximel Pal pals palliatif palliative palmaire palme paradoxal paradoxale parallèle [7] parasol patrimonial patrimoniale patronal patronale paumelle pectoral pectorale pelle pellée pellerée pelletée pelleterie pellicule pénal pénale pénultième pétéchial pétéchiale philtre pluriel plurielle pluvial pluviale polichinelle pollisyllabe poutrelle prairial prévôtal prévôtale profil prunelle psalmodie puéril puérile puérilité pulmonaire pulmonie pulmonique pulpe pulsatif pulsative pupillaire pupille [8] quel quelle quelque [9] querelle Racinal radial radiale radical radicale rapatelle réal réale réel réelle rebelle récolte régal répulsif répulsive rituel rival rivale rouelle royal royale ruelle rural rurale Salle [10] salpêtre salpétrière salvage salve salvé satellite sauterelle scellé schall sculpture seigneurial sel selle sellerie semelle sénatorial sénatoriale sénéchal sépulcral sépulcrale sépulcre

---

1 *Moelle*, prononcez *moale*.

2 *Moral*, *morale*, adj. et subst., suivant leur emploi.

3 *Municipal*, subs. masc.; *municipal*, *municipale*, adjectif.

4 *Naturel*, substantif. *Naturel*, *naturelle*, adjectif.

5 *Original*, substantif. *Original*, *originale*, adjectif.

6 On écrit *outil*, et l'on prononce *outi*.

7 *Parallèle*, adj. et substantif.

8 *Pupille*, enfant sous la tutelle. On appelle aussi *pupille* la prunelle de l'œil.

9 *Quel*, *quelle*, *quelque*, pronoms adjectifs.

10 *Salle*, subst., appartement. *Sale*, adj., malpropre.

sépulture séquelle sibylle signal sil sille silve simultané simultanée simultanéité smille social sociale solde sol [1] solfége sollicitude solstice solvabilité solvable soûl [2] soûle spalt spinal spinale spinelle spirituel spirituelle subtil subtile sulfurique sultane svelte syllabaire syllabe syllabique sylphe sylphide synallagmatique Tabellionage talc talmud tel telle thériacal thériacale total [3] totale tourelle tribunal trivial triviale truelle truellée tumulte tumultuaire tutelle Ulcère urinal Val vallée valse valve valvule vaudeville végétal [4] végétale velte veltage vénal vénale véniel vénielle vicarial vicariale vice-amiral vielle vil vile villace village villanelle ville viol viril virile vital vitale vitriol vitriolé vitriolée vocal vocale la vocale vol volatil volatile volte voyelle vulgaire vulnérable vulnéraire vulve Zodiacal zodiacale.

Mouillez les (ll) *dans les mots suivants.*

Béquille bill bille Cédille cévadille chenille cheville cil cochenille codille coquillage coquille Drille Ébrillade étrille Famille faucille fenil fille filleul filleule Gobille goupille gril grille guenille guillage Guillaume guilledou guillerie guillotine l'Habillage Manille mil [5] morille Outillé outillée Papillotage papillote pécadille péril pillage pillerie Quadrille quillage quille Roquille roupille Sillage soudrille spadille Tillac tillacs Vétille volatille vrille Abeille accueil aïeul [6] aïeule aïeuls aigail aiguail aiguillade

---

1 *Sol*, terrain. *Sol*, note de musique.

2 Prononcez *soû*, *soûle*.

3 *Total*, *totale*, adjectif. *Total*, est aussi substantif.

4 *Végétal*, *végétale*, adjectif. *Végétal*, substantif.

5 *Mil*, millet. *Mil*, adj. numéral; on ne mouille pas *l* dans ce dernier.

6 *Aïeul*, fait au pluriel *aïeulx* et *aïeux*. On n'a pas besoin de mouiller *l* dans ce mot, ni dans ceux-ci, du même Exercice: *Capitoul*, *coulpe*, *poil*, *seul*, *ligneul*.

aiguille aiguillée ail aulx [1] aillade Bail [2] bailli bataille bercail bétail [3] bouilli bouillie bredouille brouillamini brouillerie Caille caillé caillou camail camails canaille capitoul chèvre-feuille chevreuil chevreuils citrouille corail [4] coulpe crapaudaille crémaillère crevaille criaillerie cuillère cuillerée cure-oreille Débouilli dépenaillé dépouille Écaille écueil écueils écureuil écureuils émail émaillure épagneul épagneule éraillure éveil Faillibilité faillible faillite fauteuil fauteuils fenouil feuillage feuille feuillée feuilletage fouillure fouille futaille Genouillère gogaille grenaille grenouille grenouillère gribouillage la Houille Joaillerie Limaille Mail maille mailloche médaille menuaille méteil mitraille mitraillade mouillage mouillure muraille OEil œil-de-bœuf œils-de-bœuf œil-de-bouc œils-de-bouc œillade œillère œilleterie oille oreille oreille-d'âne oreille-de-lièvre ouaille Paille pareil pareils pareille patrouillage patrouille piaillerie poitrail poitrails pouille Quenouille quenouillée Rabouillère racaille raillerie recueil recueils rétaille réveil ripaille rocaille rouille rouillure Saillie salsepareille semaille sérail seul seule seuil seuils soleil soleils souille souillure soupirail Taillable taillade taille tenaille tilleul tilleuls tiraillerie travail travails treillage treille trouvaille tripaille Valetaille veille veillée vide-bouteille vieil [5] vieille vieillerie volaille.

---

1 *Aulx*, pluriel d'*ail*.

2 *Bail*, fait au pluriel *baux*.

3 *Bétail*, n'a pas de pluriel.

4 *Corail*, pluriel *coraux*; *émail*, *émaux*; *œil*, fait au pluriel *yeux*, et quelquefois *œils*; *soupirail*, fait *soupiraux*; *travail*, fait *travaux* et quelquefois travails.

5 *Vieil*, on dit *vieux* au singulier, comme au pluriel: *un vieux chapeau*; *du vin vieux*.

Trente-cinquième Exercice.

Am em im ym om um.

Accommodable accommodage Adam alambic ambe ambigu am-
biguë ambiguité amble ambre ambulatoire ammi ammoniac
ammoniaque amphibie amphibologique amphigouri amphigourique
amphithéâtre ample ampliatif ampliative amplitude ampoulé
ampoulée ampoule anagramme Bambochade bamboche bambou
bombe Calomnie cambrure camp campagne campêche camphre
camphré camphrée chambre chambrée chambrière champêtre
combe comble comme [1] commémoratif commémorative commérage
commère comminatoire commode commodité commuable commu-
nal communale communauté commune communicable communi-
catif communicative compacte compacité compagne compagnie
compagnonage comparable comparaître [2] comparatif comparative
compatibilité compatible compatriote compérage compère complaire complexe complice complicité compliqué compliquée com-
pote comptabilité comptable compte compulsoire comte comté
corymbe crampe Dam damnable décembre décemviral décemvirale
décompte détrempe dommage dommageable domptable Emballage
embatage embatre embauchage emblavure emblée emblématique
emblème s'emboire [3] emboiture embouchure embrumé embrumée

---

1 *Comme*, adverbe.
2 *Comparaître*, *complaire*, *embatre*, verbes de la 4me conjugaison.
3 *S'emboire*, verbe réfléchi.

embûche emmiellure empaumure empan empeigne empeloté empelotée emphatique empire empirique emplâtre emploi empreinte empyrée épigrammatique épigramme exemplaire exemple exempt exempte Faim femme flambeau flamme flammèche Gamme gomme gramme grammaire grammatical grammaticale gymnique l'Hommage l'hommagé l'hommagée l'homme l'hommeau l'humble Imbécile [1] imbécilité imbriaque imbu imbue impératif impérative impératrice impérial impériale [2] impétrable impie impiété impitoyable implacable implexe implicite impoli impolie impraticable imprenable imprévu imprévue imprimé imprimerie imprimure improbabilité improbable improbité impromptu impropre impropriété impudicité impudique impulsif impulsive impulsion impuni impunie impunité impureté immaculé [3] immaculée immatériel immatricule immémorial immémoriale immeuble immobile immobilité immodéré immodérée immoral immorale immoralité immuable immunité immutabilité inaccommodable Jambage jambe Lambeau lampadophore lampe lampée lamproie limbe Mécompte membrane membre membré membrée membru membrue membrure Nom noms nombre nombril Olympe olympiade olympique ombelle ombellifère ombilic ombre ombrage ombrelle omphaloptre Pampe pampre plomb plombagine plomberie plombière pomme pommade pommé pommée pommeau pommelle pommeraie prénom promptitude prompt prompte Quidam Raccommodage rempaillage rempli remploi renom renommée retombée rompre [4] se rompre

---

[1] Prononcez *eim*.

[2] *Impérial*, *impériale*, adjectif. *Impériale*, substantif.

[3] Prononcez *im*, lorsqu'il y a deux *mm*.

[4] *Rompre*, verbe de la 4me conjugaison.

Semblable simple simplicité sombre sommaire somme sommeil sommellerie sommité somnambule somnifère sanctuaire symbole symbolique sympathie sympathique symptomatique symptome Tempe température tempête temple temporal temporale temporalité temporel temporelle temps [1] tremble trempe triomphal triomphale triomphe trombe trompe tromperie tympanite timbale timbre tombe tombeau tombereau Vampire vraisemblable. Harem [2] idem lemme tu-autem album [3] dictum factum gallium laudanum lilium médium minimum maximum opium rum rumb sacrum ultimatum vadémécum.

Trente-sixième Exercice.

An en in yn on un.

Alcantara alcoran Alexandre alezan alezane aliquante allégeance alliance amande [4] amandé amarante amaranthine amiante an ancre ancrage andante andouille Andromède ange angélique anglican anglicane angle anglomane anglomanie angora anguille [5] annal annale année annelure annexe annuaire annuel annuelle annuité annulaire anse ansiatique antépénultième anthropologie

---

1 *Temps*, prend un *s* au singulier comme au pluriel.

2 *Harem*, *idem*, *lemme*, *tu-autem*, prononcez *èm*.

3 *Album*, prononcez *om* dans tous ces mots.

4 *Amande*, fruit de l'amandier. *Amende*, peine pécuniaire.

5 *Anguille*, mouillez les *ll* dans ce mot et dans tous ceux qui seront marqués d'un astérisque.

anthropophage antiapoplectique antichambre antidate antidote anti-
pathie antipathique antipode antiquaille antiquaire antique anti-
quité Antoine antre autan avalanche avance avantage Balance
balancé balançoire bancal bancale bandage bande banderole
bandoulière banlieue banne bannière banque banqueroute bilan
blancherie bombance boulangerie bouracan branche branchu
branchue branle brelan buanderie buvande Cadogan ou catogan
cadran ou quadran calandre cancre candelabre candi candide
cannage canne cannelle cannelure cannetille * cannibale cantal
cantale cantatille * cantatrice cantharide cantine cantique canto-
nade caravansérail * chambranle chambrelan chance chancellerie
chancre chandelle change chante-pleure chanterelle chantre chan-
vre chouan commande commandite coriandre corybante créance
croyance Danse déchéance défaillance * défiance déhanché déhanchée
délivrance demande dérogeance diantre dinanderie doléance Échan-
crure échange échangeable échéance éclanche écran églantine élan
élégance empan empirance épandre ¹ s'épandre épouvantable
épouvantail * épouvante étrange évangélique évangile Fanfan
fanfare fanfreluche fange fantôme farandoule filandière finance
financière France frangipane franque Galanterie gallican gallicane
gangrène ganse ganterie garance garantie girandole grange la Ha-
rangue la Hollande Ignorance immangeable immanquable impeccante
imprévoyance ipécacuanha Jactance jante Jean Kaouanne kouan
kynancie Lance lande langage lange langue lavanche lavande
lieutenance louange lycanthrope lycanthropie Maidan malséante

---

¹ *Épandre*, *répandre*, verbes de la 4me conjugaison.

malveillance * maman manche mandataire mandoline mangeable mangeaille * mangeoire manigance manne manque mante mantille * Marianne méchanceté médiante méfiance mélancolie mélancolique mélange Milan multiplicande myrobolan Nécromancie nonante nonantième nuance Obligeance Océan offrande orange orangé orangée orangeade orangerie ouragan outrance Palan palanque Pan pancrace panne pansage panse pansu pansue panthée panthère pantine pantomime pantoufle pédanterie pélican pétulance phalange philantrope philantropie philantropique pitance pivotante plaidante plan [1] plane planche plantage plante platebande préséance prétantaine prévenance prévoyance Quadran quanquan quant à [2] quantième quantité quarantaine quarante quarantième Rance rancio rancune rangée rechange recommandable redevance remontrance répandre réprimande répugnance revanche roman romance romantique ruban Safran sanctuaire sandale sang sangle sanguinaire sanguine santé sarabande Satan séance soixantaine soixante souffrance substance substantif substantifs sultan sultane Suzanne Taillanderie tan tannerie tante tolérance tranche tranchée tranquille tranquillité transe transitif [3] transitive trantran trépan triangle triangulaire truanderie trucheman tympan tyran tyrannie tyrannique Vacance vaillance * van vannerie vanterie vatican vétéran vétérance viande vigilance.

---

1 *Plan, plane*, adjectif. *Un plan*, substantif.

2 *Quant à*, adverbe.

3 Prononcez *tran-zi-tif*, *tran-zi-ti-ve*.

ant.

Abatant abatants aboyant aboyante accablant accablante accablants adjudant adjudants affligeant affligeante affligeants agaçant agaçante aggravaut aggravante aidant aidante aimant [1] aimante allant allans Allemand Allemande altérant amant amante ambulant ambulante avant [2] auparavant avant-veille avenant avenante Ban [3] bans banc bancs béant béante bêlant belligérant belligérante blanc blanche bouffant bouffante bouillant * bouillante * branlant branlante brigand brigands*brillant * brillante * brillants * broutant broutante brûlant brûlante bruyant bruyante Cahotant cahotante calmant capitulant céans célébrant chagrinant chagrinante chaland chalande chambellant chancelant chancelante changeant changeante chant chants chantant chantante choquant choquante colorant colorante commandant commandants communiant comptant couchant coulant coulante coupant coupante courant courante criant criante croquant croquante croulant croulante croyant croyante Dans [4] débitant débitante débutant débutante décevant décevante déchirant déchirante déclinant déclinante découlant découlante dedans [5] défaillant * défaillante * déférent déférente défiant défiante

---

1 *Aimant, aimante,* adjectif. *L'aimant,* subst., pierre qui attire le fer.
2 *Auparavant, avant,* adverbes. *Avant,* est aussi préposition.
3 *Ban,* proclamation.; *banc,* siége.
4 *Dans,* préposition.
5 *Dedans,* adverbe, il est quelquefois préposition, ou substantif.

dégoûtant dégoûtante dégouttant dégouttante délayant délayante
demeurant demeurante dérogeant dérogeante dévorant dévorante
diamant diffamant diffamante dirimant dirimante dominant
dominante donnant donnante durant [1] Échauffant échauffante
éclatant éclatante écoutant écoutante édifiant édifiante effrayant
effrayante élégant élégante Éléphant émigrant émigrante étang
étouffant étouffante étudiant exigeant exigeante Fabriquant fainéant
fainéante fatigant fatigante fécondant fécondante figurant figurante
flagrant flambant flambante flamboyant flamboyante flan [2] flanc
foudroyant foudroyante foulant foulante franc [3] franche friand
friande fulminant fulminante fumant fumante fuyant fuyante
Gagnant galant galante gant garant garante géant géante
géants gênant gênante gérant glaçant glaçante gland glande
gluant gluante grand grande grand-œuvre Habitant habitante
halbrand haletant haletante humectant humectante humiliant
humiliante Ignorant ignorante impétrant impétrante imprévoyant
imprévoyante Joignant joignante Landgrave levant liant liante
lieutenant lieutenante Mahométant mahométane malséant malveillant
malveillante manant mangeant mangeante méchant méchante
mécréant méfiant méfiante menaçant menaçante miaulant miaulante
mourant mourante mouvant mouvante Néant nécromant nonobs-
tant Obligeant obligeante occupant officiant offrant opinant
orang-outang outrageant outrageante ouvrant ouvrante oyant oyante
Pacant palpitant palpitante payant payante pédant pédante

---

1 *Durant,* préposition.
2 *Flan,* espèce de tarte ; *flanc,* partie de l'animal depuis les côtes jusqu'aux hanches.
3 *Franc, franche,* adj., libre, sincère. *Franc,* subst. masc., monnaie.

17

pétulant pétulante pimpant pimpante piquant piquante plaidant plant pleurant pleurante pliant pliante poignant poignante prédicant prédominant prédominante prenant prenante préopinant prévenant prévenante prévoyant prévoyante provenant provenante puant puante Ragoûtant ragoûtante rampant rampante rang raréfiant raréfiante rebutant rebutante récitant récitante réfrigérant régnant régnante remplaçant remuant remuante répugnant répugnante requérant requérante revenant revenante riant riante roulant roulante ruminant ruminante Saignant saignante saillant saillante sanctifiant sanctifiante sanglant sanglante sans [1] sautant sautante savant savante séant sifflant sifflante signifiant signifiante souffrant souffrante soupirant soutenant suant suante suffoquant suffoquante suffragants suivant suivante Taillant tenant tirant tolérant tolérante touchant touchante trafiquant traînant traînante traitant tranchant tranchante transcrire transfuge transmuable transmutabilité transpirable trébuchant trébuchante triomphant triomphante Vacant vacante vacillant [2] vacillante vaillant vaillante variant variante végétant végétante venant vibrant vibrante vigilant vigilante vivant vivante vivifiant vivifiante volant volante voyant voyante.

---

1 *Sans,* préposition.
2 *Vacillant,* prononcez les *ll* fortement.

en.

Absence abstension abstinence accense accidentel accidentelle
adhérence adventif adventive affluence agence alimentaire amen-
dable amende [1] audience augmentatif augmentative aventure
aventurine Bucentaure Cadence calenture cendre cendré cendrée
censé [2] censée censurable censure centaine centaure centaurée
centenaire centiare centième centigramme centime centimètre
central centrale centre centrifuge centuple clémence clémentine
clientelle commençant commençante commentaire compétence com-
plimentaire compréhensible compréhension comprendre [3] couenne
crédence Décadence décence défendable défendre défense défensif
défensive déférence démence démenti denrée dense [4] densité denté
dentée dentelle dentelure dépendance dépendant dépendante
dépendre détendre détente différence diligence dimension dividende
Élémentaire éloquence éminence en [5] encan enclore enclouure
enclume encoignure encollage encolure encombre encre [6] encroué
encyclopédie encyclopédique endêvé endêvée endiablé endiablée

---

[1] *Amende*, peine pécuniaire.

[2] *Censé*, *censée*, réputé. *Sensé*, *sensée*, qui a du bon sens.

[3] *Comprendre*, *défendre*, *dépendre*, *détendre*, *enclore*, *enduire*, *entendre*, *entreprendre*, *étendre*, *fendre*, *mévendre*, *pendre*, *prendre*, *prétendre*, *refendre*, *rendre*, *renduire*, *reprendre*, *revendre*, *tendre*, *vendre*, verbes de la 4me conjugaison.

[4] *Dense*, épais. *Danse*, mouvement du corps en cadence.

[5] *En*, préposition ; il est aussi pronom relatif.

[6] *Encre*, pour écrire. *Ancre*, pièce de fer qu'on jette au fond de l'eau.

endive enduire endurant endurante enfance enfant enfantillage *
enfilade enflure engageant engageante engeance engelure engrêlure
engrenage engrenure enjambée enjeu enjolivure enjoué enjouée
enlevure enluminure ennui ennuyant ennuyante enquérant
enquérante enquête enrageant enrageante enrayure enseigne
Enselme ensemble [1] ensuite s'ensuivre [2] entaille *. entaillure *
entamure en tant que [3] ente entendre s'entendre entente entr'acte
entrant entrante entre entrée entrelacs [4] entre-ligne s'entrenuire
entreprenant entreprenante entreprendre entresol s'entre-suivre
entretaille * entrevue enture envie envieilli * envieillie * envoi
envoyé envoyée étendage étendre s'étendre étendue éventail *
éventaire éventuel éventuelle évidence exigence Faciende faïence
faïencerie fenderie fendre fente fiente Florence fréquence fréquen-
tatif fréquentative Gâte-enfant gencive gendre genre gentil [5] gentile
gentil * gentille * gentilhomme * gentilité gentillâtre * la Harengère
Henri [6] Identique identité immense immensité impénitence impru-
dence impudence Jouvence Lamentable légendaire légende licence
Magnificence malentendu médicamentaire mendiant mendiante
mendicité mense mental mentale menterie menthe mévendre
mévente momentané momentanée munificence Négligence nenni [7]

---

[1] *Ensemble, ensuite,* adverbes; *ensemble* est aussi substantif.

[2] *S'ensuivre, s'entre-nuire, s'entre-suivre,* verbes réfléchis.

[3] *En tant que,* conjonction.

[4] Prononcez *an-tre-la.*

[5] *Gentil, gentile,* payens. *Gentil,* prononcez *gen-ti* devant une consonne; *gentille,* * joli, agréable.

[6] *Henri,* les noms propres ne prennent pas ordinairement l'article; ainsi dites: *La fête d'Henri,* et non *de l'Henri.*

[7] *Nenni,* particule négative.

nomenclature Obédience occidental occidentale offensant offensante offense offensif offensive oriental orientale Parenté pendable penchant penchante penchant [1] pendant [2] pendant que pendeloque pendre pendule pénitence pensée pensif pensive pensum pentateuque pente pentecôte penture pétulence potence prébende prébendé prébendée prééminence préférence prendre se prendre prétendant prétendante prétendre prétendu prétendue proéminence providence prudence Récipiendaire récompense refendre régence réglémentaire rendre se rendre renduire rente rentoilage rentraire rentraiture rentrée renvi renvoi repentance repentant repentante répréhensible reprendre se reprendre réticence revendre revente révérence révérencielle Sacramental sacramentale sacramentel sacramentelle sapience science scientifique sédentaire semence sensé sensée sensibilité sensible sensitif sensitive sensualité sentence sentine sentimental sentimentale sentinelle séquence silence solennel solennelle solennité soupente surenchère Tarentule tendance tendant tendante tendre [3] tentant tentante tentative tente tenture térébenthine transcendance transcendant transcendante transparence trentaine trente trentième Véhémence vendable vendange Vendée vendémiaire vendre vendredi vengeance vente ventre ventrée ventrière ventriloque ventru ventrue violence virulence.

---

[1] *Penchant, penchante,* adjectif. *Un penchant,* substantif.

[2] *Pendant, pendante,* adjectif. *Un pendant,* substantif. *Pendant,* préposition. *Pendant que,* adverbe.

[1] *Tendre,* adjectif de tout genre; il s'écrit comme le verbe *tendre.*

18

ent.

Aboiement abouchement absent absente abstinent abstinente accablement accaparement accarement accent accents [1] accident accidents accommodement accommodements accompagnement accompagnements accouchement accoutrement accrochement acculement accusement acheminement achevement adhérent adhérente affinement affluent affluente affublement agacement agencement agent agrément alignement aliment allaitement allèchement allégement amendement ameublement antécédent apurement augment auvent avancement avénement aveuglement avitaillement * Balancement bâtiment bégaiement bêlement beuglement blanchiment bombement branlement braquement bredouillement * broyement brouillement * Caillement * campement cent [2] chancellement changement châtiment chatouillement * cillement * ciment claquement clément clémente client cliente clignement clignotement clochement commandement commencement commencemens compétant compétante complément compliment coudrement couvent crachement crachotement crément croulement crucifiement cure-dent Débâclement débandement déboîtement débouchement débouquement décèlement décent décente déchaînement déchiffrement déchirement

---

[1] On peut supprimer le *t* au pluriel, dans les noms et adjectifs terminés en *ent*, lorsque ces mots sont composés de plusieurs syllabes ; mais s'ils sont d'une seule syllabe, ils conservent le *t*, exemple : *dents, lents*, etc.

[2] *Cent*, adj. numéral, prend la marque du pluriel dans ce sens : *deux cents hommes*, et non dans celui-ci : *deux cent dix hommes*.

décochement découlement découragement décréditement décrochement dédommagement dégagement dégravoiment délabrement délayement délogement démanchement démembrement déménagement démeublement dénigrement dénombrement dénoûment dent dents dénûment dépècement dépénaillement * dépens [1] dépeuplement déplacement déployement dépouillement* déracinement déréglement dérobement détachement détriment dévoiement dévoilement dévouement différent différente différend [2] ou différent diligent diligente document dolent dolente Ébranchement ébranlement ébrouement échauffement échouement écoulement efficient efficiente égarement élancement élément éloignement éloquent éloquente emboîtement embrouillement * emmanchement emménagement émollient empalement empatement empâtement empêchement empellement empiétement empilement emplacement encavement encensement enchaînement enchantement enchifrenement enclavement encombrement encouragement endommagement enfaîtement enfantement enflement engagement engouement engravement enivrement [3] enjambement enjolivement enjouement enlacement enlèvement enrôlement enrouement enroulement ensablement enseignement entablement entendement entérinement entêtement entregent entrelacement épamprement épanchement épaulement équipement équivalent équivalente étanchement étayement étêtement étouffement étrangement étranglement étuvement événement évent évident évidente Filament filaments finiment foudroyement

---

1 Ce mot ne s'emploie qu'au pluriel.
2 *Différend*, substantif.
3 *Enivrement*, prononcez *a-ni-vre-man*.

fragment fréquent fréquente frétillement * frôlement froment Gazouillement * gent gens grognement grouillement * l'Habillement * le hareng harengs le hochement Imminent imminente impénitent impénitente impotent impotente imprudent imprudente impudent impudente Jacent jacente jugement jument jurement Laurent lavement lent lente licenciement ligament linéament liniment logement Mandement maniement manquement médicament médicaments ménagement meublement moment monument mouvement Négligent négligente négligents nivellement nouement Occident opulent opulente Orient Pansement paravent paravents parent parente patént patente pavement payement penchement pénitent pénitente picotement piment placement précédent précédente prééminent prééminente proéminent proéminente prudent prudente Raccommodement raccoutrement raffinement ragrément râlement ralliement ravalement ravitaillement * recèlement recensement récent récente réchauffement récipient récolement recoquillement * recoupement recouvrement récrément recueillement * reculement redoublement refend refoulement refrognement régalement régent régente régiment règlement relâchement relent relèvement remaniement remboîtement remplacement remuement renflement rengagement reniement renifflement renouement renouvellement renseignement repeuplement retirement retranchement révérend révérende revêtement revirement roucoulement roulement rudiment Saccagement sacrement saignement sanguinolent sanguinolente sautillement * savourement secouement sédiment sens [1] sentiment sentiments sifflement signalement

---

1 *Sens,* Ce mot s'écrit au singulier comme au pluriel.

soulagement soulèvement subséquent subséquentè succulent succu-
lente Talent tempérament tiraillement * traitement trébuchement
trépignement trident tutoiement.

Adverbes.

Abominablement absolument abstractivement abstraitement acadé-
miquement accidentellement activement actuellement adjectivement
admirablement adroitement affablement agilement agréablement
aigrement aimablement alégrement allégoriquement ambigument
amèrement amiablement amicalement amplement analitiquement
analogiquement anatomiquement annuellement antérieurement
atrocement aucunement autrement aveuglément avidement Belle-
ment bénignement bêtement bravement brillamment * brutalement
bruyamment Canoniquement carrément capablement catégorique-
ment catholiquement cavalièrement charitablement chaudement
chétivement chèrement chichement, civilement clairement cléri-
calement collectivement comiquement commodément communément
comment comparativement compétemment complétement coulam-
ment couramment cruellement crûment Damnablement dandinement
débilement décemment décidément défavorablement définitivement
délibérément délicatement déloyalement démocratiquement dépen-
damment déplorablement deuxièmement dévotement diablement
diaboliquement diagonalement diamétralement diaconiquement diffé-

remment difficilement dignement diligemment directement divi-
nement dixièmement docilement doctement dogmatiquement
dolemment doublement doucement douzièmement droitement
drôlement dubitativement dûment durement Économiquement
effectivement efficacement effroyablement Également élégamment
éloquemment éminemment emphatiquement énigmatiquement
entièrement épouvantablement équitablement étrangement étroi-
tement évangéliquement éventuellement évidemment exactement
exécrablement exemplairement Facilement faiblement falotement
familièrement fatalement favorablement féodalement fidèlement
fièrement figurativement figurément filialement finalement finement
fixement follement fraîchement franchement fréquemment
froidement frugalement Gaiement galamment gauchement géné-
ralement gentiment géométriquement goulument graduellement
grammaticalement grandement graphiquement gratuitement grave-
ment grièvement Habilement[1] habituellement » hâtivement » hau-
tainement » hautement héroïquement honorablement horizontale-
ment » huitièmement humainement humblement humidement
hypothécairement hypothétiquement Identiquement ignoblement
ignoramment illicitement imbécilement immanquablement immédiate-
ment immensément immodérément immuablement impénétrablement
impérativement impitoyablement implicitement improprement im-
prudemment impudemment impudiquement impunément inébran-
lablement inégalement inévitablement inexorablement iniquement
inopinément ironiquement itérativement Joliment judiciairement

---

[1] L'h est aspirée dans les adverbes marqués de guillemets.

juridiquement Lâchement laconiquement lamentablement latérale-
ment légalement légèrement légitimement lentement libéralement
librement licitement logiquement louablement loyalement lubrique-
ment lugubrement Machinalement magnanimement magnifiquement
maigrement maladroitement malhabilement malignement malpropre-
ment manuellement maritalement matériellement mathématiquement
mécaniquement médiatement médiocrement mélancoliquement mê-
mement mentalement méthodiquement militairement modérément
modiquement mollement momentanément monacalement moralement
mûrement mutuellement Naïvement naturellement négativement
négligemment neuvièmement nicement noblement notablement
notamment notoirement nouvellement nuement nuitamment
nullement numériquement Obliquement obligeamment obscurément
obstinément oculairement œcuméniquement offensivement officielle-
ment opiniatrément opulemment originairement originellement
outrément Pacifiquement palpablement pareillement patriotiquement
pauvrement péniblement périodiquement petitement pétulamment
pitoyablement plaintivement pleinement politiquement préalable-
ment précairement précédemment précipitamment préférablement
préliminairement prématurément premièrement primitivement
privativement probablement problématiquement prodigalement pro-
lixement promptement prophétiquement prudemment puamment
publiquement pudiquement puérilement purement Quatrièmement
Radicalement rapidement rarement réciproquement réellement
régulièrement relativement révéremment ridiculement rigidement
royalement rudement Sacramentalement sacramentellement sacrilé-
gement sagement sainement salement salutairement savamment

séculièrement semblablement sensément sensiblement sensuellement séparément seulement sévèrement sciemment scientifiquement simplement simultanément sixièmement sobrement sociablement solennellement solidairement solidement solitairement sommairement souplement souvent souverainement spirituellement splendidement stoïquement strictement stupidement subitement substantivement subtilement supérieurement sûrement Tacitement taquinement tellement témérairement temporellement tendrement tièdement timidement totalement treizièmement triplement trivialement tumultuairement tyranniquement Ultérieurement unanimement unièmement uniment uniquement utilement Vaillamment* vainement valablement validement vénalement véniellement véritablement vraiment vraisemblablement vulgairement.

En, *qui se prononce* ein *ou* èn.

Académicien adonien Adrien aérien aérienne Agen agenda amen ancien ancienne anciennement [1] ancienneté antédiluvien antédiluvienne antenne antichrétien antichrétienne antienne Autrichien Autrichienne Benzoate benzoïque bien bien-aimé bien-aimée bien-être biennal biennale bienséance bienséant bienséante bien-

---

[1] *Anciennement, combien,* adverbes.

veillance * bienveillant * bienveillante * bienvenu ¹ bienvenue
Chien chienne chiendent chrétien chrétienne chrétienté
citoyen citoyenne combien comédien comédienne czarienne Dé-
cennal décennale dialecticien dictamen diluvien diluvienne doyen
doyenne Eden effendi ennemi ennemie éolien épicurien étrenne
Européen Européenne examen Fabricien Galérien garenne gramen
grammairien grégorien grégorienne Hymen ou hyménée Ionien
ionienne Julien julienne Lien logicien luthérien luthérienne
Magicien magicienne mécanicien mémento méridien méridienne
mien mienne ² milicien mitoyen mitoyenne moyen moyenne ³
moyennant ⁴ Néméens Païen païenne patricien patricienne plato-
nicien platonicienne plébéien plébéienne prétorien prétorienne
Quatriennal quatriennale quotidien quotidienne Renne rhétoricien
rien Saducéens saliens sénatorien sénatorienne sien sienne soutien
Tacticien tien tienne tironien tironienne tragédien triennal
triennale triennalité Varenne vaurien.

Ent, *employé dans les verbes.*

Ils ⁵ avaient ils eurent ils eurent eu ils avaient eu ils auraient
ils auraient eu qu'ils aient qu'ils aient eu ils étaient ils furent

---

1 *Bienvenu, bienvenue*, adj.; ces mots sont aussi substantifs.

2 *Mien, mienne, tien, tienne, sien, sienne*; adjectifs possessifs relatifs; ces mots avec
l'article, sont aussi substantifs.

3 *Moyen, moyenne*, adj.; *moyen* est aussi substantif.

4 *Moyennant*, préposition.

5 *Il*, pronom de la 3me personne, pluriel *ils*. Les verbes qui suivent ce pronom sont aussi
de la 3me personne.

eu ils eurent été ils avaient été ils seraient ils auraient été qu'ils soient qu'ils aient été ils aiment ils aimaient ils aimèrent ils eurent aimé ils avaient aimé ils aimeraient ils auraient aimé qu'ils aiment qu'ils aient aimé ils finirent ils eurent fini ils avaient fini ils finiraient ils auraient fini qu'ils aient fini ils reçoivent ils recevaient ils reçurent ils eurent reçu ils avaient reçu ils recevraient ils auraient reçu qu'ils reçoivent qu'ils aient reçu ils rendent ils rendaient ils rendirent ils eurent rendu ils avaient rendu ils rendraient ils auraient rendu qu'ils rendent qu'ils aient rendu.

———

in.

Absinthe afin [1] aigrefin alevin alexandrin alexandrins aquilin aubépin aubin Babouin babouine badin badine baladin baldaquin bambin baragouin bauquin béguin bénin bénigne Benjamin boudin boulin boulingrin bouquin brin brindille * bringue brodequin buffletin bulletin burin butin Cahin-caha calepin calin canepin carabin chaffouin chaffouine chagrin chemin chérubin chicotin cinglage cinq [2] cinquantaine cinquante cinquantième cinquième cintre cipolin citrin citrine clavecin clin clincaille * clincaillerie * clinquant clinche coïncidence coïnci-

---

1 *Afin,* conjonction.
2 *Cinq,* on ne prononce le *q* que devant une voyelle.

dent coïncidente colarin Colin colombin colombine coloquinte coquin corallin coralline Dauphin Dauphine dandin déclin devin divin divine Échevin écrin enclin encline engin épingle étincelant étincelante étincelle étincellement Fagotin féminin [1] féminine fin [2] fine frétin fringant fringante funin furin Galopin gamin gazetin gindre gingembre gobelins gradin gratin grenadin grimelin grincement gringuenaude guindage l'Hyacinthe Incapable incapacité incendiaire incendie incidence incident [3] incidente incidentaire incitabilité incivil incivile incivilité inclémence inclinant incognito incohérence incohérent incohérente incommensurabilité incommensurable incommode incommodité incommunicable incommutabilité incommutable incomparable incompatible incompatabilité incompétence incompétent incompétente incomplexe incompréhensible incompréhensibilité incrédibilité incrédule incrédulité incréé incréée incroyable incube inculte inculture incurable incurie inde indébrouillable * indécence indécent indécente indéclinable indéfectibilité indéfectible indéfini indéfinie indélébile indélibéré indélibérée indemne indemnité indépendance indépendant indépendante indévot indévote indicatif [4] indicative indice indicible indienne indifférence indifférent indifférente indigence indigène indigent indigente indigète indigo indigoterie indiligent indigne indignité indire indirect indirecte individu individuel individuelle indocile indocilité indolence indolent indolente in-

---

1 *Féminin*, *féminine*, adj.; *le féminin*, substantif.
2 *Fin*, *fine*, adj.; *la fin*, substantif.
3 *Incident*, *incidente*, adj.; *un incident*, substantif.
4 *Indicatif*, *indicative*, adj.; *l'indicatif*, substantif.

domptable indompté indomptée in-douze indu indue indubitable induire indulgence indulgent indulgente indult indultaire infailli- bilité * infaillible * infamant infamante infâme infamie infant infante infanterie infanticide infatigable infect infecte infilicité infériorité infeuillé * infeuillée * infidèle infidélité infini infinie infinité infinitif inflammabilité inflammable inflammatoire inflexi- bilité inflexible inflictif inflictive influence ingambe ingénu ingénue ingénuité ingratitude ingrédient inhabile inhabilité inhabitable inhabité inhabitée inhabitude inhérence inhérent inhérente inhumanité inintelligible injure innavigable inné innée innocence innocent innocente innombrable innomé [1] innovateur in-octavo inquiétant inquiétante inquiétude insalubre insalubrité insecte insensé insensée insensibilité insensible in-seize inséparable insi- nuant insinuante insinuatif insinuative insipide insipidité insocia- bilité insociable insolence insolent insolente insolite insolubilité insoluble insolvabilité insolvable insomnie insouciance insouciant insouciante insoutenable insulaire insultant insultante insulte intact intacte intangible intégral intégrale intégrant intégrante intègre intégrité intellect intellectif intellective intellectuel intellec- tuelle intelligent intelligente intelligible intempérance intempérant intempérante intempéré intempérée intempérie intendance inten- dant intendante intense intensité intérim intime intimité intolérable intolérance intolérant intraitable intransitif [2] intransitive intrant intrépide intrépidité intrigant intrigante intrigue intrinsè- que introductif introductive introduire introuvable intuitif intuitive

---

1 Prononcez *ein-no-mé ; ein-no-va-teur*, on dit aussi : *no-va-teur*.
2 *Intransitif, intransitive :* prononcez *in-tran-zi-tif, ive.*

invalide invalidité invariabilité invariable invective invendable
invendu invendue inventaire invincible inviolabilité inviolable
inventif inventive invitatoire invraisemblable invraisemblance
invulnérabilité invulnérable Jacobins Kaolin Lambin lambine
lambrequins lapin lapine latin [1] latine levantin levantine linceul
linge lingerie lingotière lingal lingale lopin linteau lynx Malin
maligne mandrin mannequin marin [2] marine maroquin mâtin [3]
matin médecin menin mince moulin mutin mutine Orin Paladin
palatin palatine patin pepin pétrin picotin pin pince poulevrin
Prince principal principale [4] principalité principauté principe prin-
temps provin province provincial provinciale pulverin Quincaille *
quincaillerie * quinquina quint quintal quinte quintuple quinzaine
quinze quinzième Rabbin ramequin ravin redingote ricin rinçure
romarin Salin saline [5] sanguin sanguine [6] sapin satin sauvagin
sauvagine sequin serin seringue sincère sincérité singe singerie
singularité succinct suint surintendance surintendant surintendante
syncope syndic synode synodique synonymie Tamarin tambourin
taquin taquine tintement tringle Venin vin vindicatif vindicative
vindicte vingt vingtaine vingtième Zinc. Instabilité instable
instance instant [7] instante instantané instantanée instantanéité ins-
tinct instipulé instipulée instructif instructive instruire instrument
instrumental instrumentale inscrire [8] inscrutable inscience inscu.

---

1 *Latin*, adj.; *le latin*, substantif.
2 *Marin*, *marine*, adj.; *un marin*, substantif.
3 *Mâtin*, gros chien; *matin*, la première partie du jour.
4 *Principal*, *principale*, adj.; *principal*, substantif.
5 *Salin*, *saline*, adj; *saline*, substantif.
6 *Sanguin*, *sanguine*, adj.; *sanguine*, substantif.
7 *Instant*, *instante*, adj.; *un instant*, substantif.
8 *Indire*, *induire*, *introduire*, *instruire*, *inscrire*, verbes de la 4me conjugaison.

Adverbes.

Brin à brin cinquièmement enfin incidemment incivilement incommodément incommutablement incomparablement incompétemment incroyablement indécemment indéfiniment indépendamment indévotement indifféremment indignement indirectement individuellement indolemment indubitablement indulgemment indûment infailliblement* infatigablement inférieurement infidèlement infiniment inflexiblement ingénument inhumainement innocemment innombrablement insensiblement inséparablement insipidement insolemment intellectuellement intelligemment intempéramment intensivement intérieurement intimement intrépidement intrinsèquement intuitivement invalidement invariablement invinciblement inviolablement Principalement Sincèrement singulièrement succinctement saintement Instamment insciemment.

ain.

Africain Africaine airain Aubain américain Américaine avant-train Bain boute-en-train Couvain châtain châtelain châtelaine craintif craintive Dédain dizain dominicain dominicaine

douvain douzain Étain [1] Gain grain le Hautain la hautaine le hui-
tain la huitaine l'humain l'humaine inhumain inhumaine Lende-
main levain main Main-d'œuvre maint mainte maintenue maintien
malsain malsaine métropolitain métropolitaine Méxicain mondain
Nain naine Napolitain Napolitaine Pain parabolain plain [2] plaine
plaindre [3] plainte plaintif plaintive poulain prochain [4] prochaine
publicain puritain Quadrain quatrain Refrain regain républicain
républicaine riverain Romain Romaine Sain saine sainfoin saint
sainte saints sainteté sixain soudain souverain souveraine su-
zerain suzeraine Sylvain Tain train trentain Vain vaine
vaincre vilain vilaine.

Ainsi [5] craintivement demain maintenant plaintivement saintement.

—

ein.

Aveindre ceindre dépeindre épreindre éteindre étreindre feindre
geindre peindre retreindre teindre. [6] Ceintrage ceinture épreinte
étrein étreinte feinte frein peintre peinturage peinture plein
pleine sein [7] seing serein sereine teint [8] teinte teinture.

---

1 *Étain*, métal blanc. *Étaim*, la partie la plus fine de la laine cardée.
2 *Plain*, *plaine*, qui est uni, plat, sans inégalité. *Plein*, *pleine*, qui est rempli.
3 *Plaindre*, verbe de la 4me conjugaison.
4 *Prochain*, *prochaine*, adj.; *le prochain*, substantif.
5 Adverbes.
6 Verbes de la 4me conjugaison.
7 *Sein*, partie du corps. *Seing*, signature.
8 *Teint*, *teinte*, adj.; *le teint*, substantif.

oin.

Adjoindre déjoindre joindre oindre poindre rejoindre. [1] Se joindre accointance adjoint adjointe benjoin [2] coin [3] coing foin joint jointe jointée jointif jointive jointure loin [4] lointain lointaine oing mal-en-point poing [5] point pointage pointe pointement pointillage* pointillerie* pointu pointue pointure recoin sainfoin soin témoin.

———

on.

Abandon abandonnement abondance abondant abondante abonnement abonnements abstension Achéron aiglon aileron affront affronterie alcyon alluchon allonge allongement amidon amont Anacréon annonce ânon anonnement Apollon Aquilon axonge Badigeon balcon ballon baron baronne baronnie bâton bedon biberon bidon bijon billion blond blonde blondin blondine

---

1 Verbes de la 4me conjugaison, *Se joindre,* verbe réfléchi.
2 Prononcez *Bèn-join.*
3 *Coin,* angle. *Coing,* fruit.
4 *Loin.* adverbe.
5 *Poing,* main fermée. *Point,* piqûre, dans une étoffe; endroit fixe; etc.

bon [1] bonne bonbon bonbonnière bon-chrétien bond bonde bondon bondonnière bonhomie bonneau bonnetade bonneterie bonté bouchon boucon bougon bouffon bouffonnerie bouton boutonnerie boutonnière boulon bridon brimborion brion bronchade bronze brugnon bubon bûcheron Cabanon caleçon caleçons caméléon caneton canon canonnade canonnière canton cantonnement cantonnière caparaçon capuchon capon caponnière carafon Caron Caton céladon champignon champion chanson chaperon chapon chaponneau charençon chaton chaudron chaudronnerie chevron chiffon chiffonnière chignon ciron citron citronnelle clairon clayon cochon cocon colon colonne communion compagnon complexion concevable concile conciliable conciliant conciliante concitoyen concitoyenne concluant concluante concombre concommitance condamnable condoléance conduite confédératif confédérative. confédéré confédérée conférence confiance confiant confiante confidence confident confidente confins confiture confluent confluente confrère confrérerie congé congre congru congrue congruité conjectural conjecturale conjecture conjonctif conjonctive conjoncture conjugal conjugale se connaître [2] connétable connexe connivence conque conquérant conquête consacrant consanguin consanguinité conscience consécutif consécutive conseil consentant consentante consentement conséquence conséquent [3] considérable considérant [4] considérante consignataire consigne consolable con-

---

1 *Bon, bonne,* adj.; *un bon,* substantif.
2 *Se connaître,* verbe réfléchi.
3 *Conséquent, conséquente,* adj.; *conséquent,* substantif.
4 *Considérant, considérante,* adj.; *considérant,* substantif.

solant consolante consolatif consolative consolatoire console conso-
lidant consommé consomptif consomptive consonnance consonne
conspirant conspirante constance constant constante constituant
constituante constitutif constitutive constringent constringente
consul consulaire consultant consultative consumant consumante
contact contadin contagion conte [1] contemplatif contemplative
contemporain contemporaine contemporanéité contenance contenant
contenante contendant content contente contentement contenu
contigu contigue contiguité continuel continuelle continuité
contractant contractante contracte contractuel contractuelle con-
tracture contradictoire contraint [2] contrainte contraire contrariant
contrariante continent continents contingence contingent [3] contingente continu continue contraignable contrariété contre contre-allée
contrebande contre-cœur contre-coup contre-danse ontrée contrefaçon
contre-maître contre-temps contrevenant contrevenante contrevent
contre-vérité contribuable contrôle contumace convaincant con-
convaincante convenable convenance convenant convenante con-
ventualité conventuel conventuelle convexe convexité convié
convive convoi, convoitable convulsif convulsive convulsion convul-
sionnaire coton cotonnine coupon couronne couronnement crampon
crayon crépon croupion croupon croûton cruchon Débonnaire
déconfiture déconvenue déflexion défoncement démon dicton
dimension dindon dindonneau don [4] donc dondon donne dont

---

1 *Conte*, récit. *Comte*, titre. *Compte*, calcul.
2 *Contraint*, *contrainte*, adj. ; *une contrainte*, substantif.
3 *Contingent*, *contingente*, adj. ; *contingent*, substantif.
4 *Don*, présent. *Donc*, particule. *Dont*, pronom relatif.

donzelle doublon dragon Échanson édredon édredons embonpoint encontre enfoncement enfonçure enkiridion énoncé environ [1] environs éperon éperons éponge étalon étançon étonnant étonnante étonnement évulsion Façon fanfaron fanfaronnade fanfaronnerie faon [2] faucon fauconneau fauconnerie fécond féconde fécondant fécondante fécondité félonnie fleuron flexion flocon fluxion fluxionnaire foncé foncée fond [3] fondamental fondamentale fondant fondante fondement fonderie fondrière fonds fontaine fontange fonte fonts fougon foulon fredon frelon frelons fripon friponne friponneau friponnerie froncement fronde front frontal fronton frontière fumeron furibond furibonde Gabion galion galon ganglion gazon gazonnement gérondif génuflexion giron glaçon glouton gloutonne gloutonnerie godron gond gonds gondole gonflement goudron goujon grateron griffon griffonnage grignon grognon grondement gronderie guéridon guidon guignon le Hameçon le hanneton la haute-contre lé haveron le héron le héronneau la héronnière l'hirondelle l'honnête l'honnêteté la honte l'horizon l'horizontal l'horizontale le houblon la houblonnière l'hypocondre l'hypocondriaque l'hypopion Immonde immondice impulsion inconcevable inconciliable inconduite Incongru incongrue incongruité inconnu inconnue inconséquence inconséquent inconséquente inconsidéré inconsidérée inconsolable inconstance inconstant inconstante incontinence incontinent infécond inféconde infécondité inflexion

---

1 *Environ,* préposition. *Environs,* lieux d'alentour.

2 *Faon,* prononcez *fan.*

3 *Fond,* le fond d'une chose creuse. *Fonds,* somme d'argent ; il signifie aussi le sol d'un champ. *Fonts,* grand vaisseau où l'on tient l'eau pour baptiser.

Intension [1] involontaire Jambon japon jeton jonc jonchée jonglerie
juron Laideron laiton lamperon lampion lamproyon laqueton
leçon légion légionnaire limaçon limon [2] linon lion lionne [3]
Lyon litron londrin long [4] longue longanimité longévité longi-
métrie longitude longitudinal longitudinale lumignon Macaron
maçon maçonnage maçonnerie magdaléon malencontre malfaçon
malhonnête malhonnêteté malsonnant malsonnante mamelon man-
chon maquignon maquignonnage mécontent mécontente melon
melonnière menon mensonge menton mentonnière mignon [5] mignonne million millionnaire minon miroton miton mitron
moellon [6] moignon molleton momon mon [7] mondain mon-
daine mondanité monde monnoie ou monnaie monstre mont
montage montagne montant [8] montante monte montée monticule
mont-joie montre monture morion moucheron moufflon mouton
Natron non nonce nonchalance nonchalant nonchalante non-ouvré
non-ouvrée noyon Oblong oblongue odéon ou odéum ognon on [9]
once oncle onde ondé [10] ondée ondoiement ondoyant ondoyante
ondulatoire ongle onglée onguent onze onzième opinion orion
Pagnon palon panneton pantalon pantalonnade paon [11] parangon

---

1 *Intension*, force, véhémence. *Intention*, volonté.
2 *Limon*, boue; *limon*, citron; *limon*, pièce d'une charrette.
3 *Lion*, *lionne*, animal. *Lyon*, ville.
4 *Long*, *longue*, adj.; *long*, substantif.
5 *Mignon*, *mignonne*, adj; *mignonne*, substantif.
6 Prononcez *mo-a-lon*.
7 *Mon*, adjectif possessif. *Non*, particule négative.
8 *Montant*, *montante*, adj.; montant, substantif.
9 *On*, pronom indéfini.
10 *Ondé*, *ondée*, adj.; *ondée*, substantif.
11 Prononcez *pan*.

patagon pâton patron [1] peloton pension pensionnaire peton
pétoncle piéton pigeon pignon pilon pinson pion plafond
Platon plongeant plongeante plongée plongeon poêlon [2] poêlonnée
poinçon poltron poltronne poltronnerie poupon ponce ponceau
ponctuel ponctuelle pont ponte [3] pontife pontifical pontificale
ponton pontonage poumon poupeton poupon pouponne proconsul
profond profonde prolongement promontoire psaltérion puceron
pudibond pudibonde Quelconque qu'en-dira-t-on quiconque qui-
gnon quinconce Rançon rançonnement raton rayon rayonnant
rayonnante rayonnement rebellion rebondi rebondie réconciliable
rédondance rédondant rédondante réflexion refonte région regon-
flement rejeton religion remonte remontrance rencontre renonce
renoncement renoncule répondant répons réponse répréhension
répulsion réunion révulsion rigodon rognon ronce rond [4] ronde
rondin ronflant ronflante ronflement rotonde rotondité roulon
rubicond rubiconde Sablon sablonnière saleron salignon salon
Samson saumon sauvageon savon savonnage savonnerie scabellon
second [5] seconde secondaire seton Siméon simon siphon son [6]
sonde songe songe-malice sonnant sonnante sonnerie spondaïque
spondée spongite spontané spontanée spontanéité strapontin
subjonctif succion suçon surabondance surabondant surabondante

---

1 *Patron, patronne*, saint dont on porte le nom ; *patron*, maître ; *patron*, modèle.

2 *Prononcez po-a-lon.*

3 *Ponte*, action de pondre; *ponte*, terme de jeu. *Quelconque*, adj. *Quiconque*, pron. mase.

4 *Rond, ronde*, adj. et substantif.

5 *Second, seconde*, adj. et substantif.

6 *Son*, la partie grossière du blé. *Son*, bruit qui frappe l'ouïe.

Tabellion talion talon tempon taon [1] taquon tâtonnement tendon tendron tenon tension têton thon tignon timon tire-bouchon tire-fond ton [2] tondin tonnant tonnante tonne tonnelle tonnellerie tonsure tonte tonture toron touron toton tramontane tronche tricon triton trognon tronc tronçon tympanon Vagabond vagabonde vagabondage vairon vallon vigneron violon violoncelle volontaire volonté Xylon Zénon.

Mouillez les (ll).

Aiguillon Béquillon billon billonnage billonnement bouillon bouillonnant bouillonnement brouillon [3] brouillonne Carillon cendrillon conseil crémaillon cuilleron Durillon Échantillon écouvillon émerillon émerillonné émerillonnée étavillon étranguillon Faucillon Grillon guenillon le Haillon Jonquille Médaillon modillon moraillon morillon Nonpareil nonpareille [4] OEilleton oreillons ou orillons Paillon papillon pavillon penaillon roïdillon Sillon sonnaille souillon souillure Tatillon tatillone tatillonnage tenaillon toupillon tourillon trillion.

---

[1] Prononcez *ton*.
[2] *Ton*, adjectif possessif. *Ton*, inflexion de voix. *Thon*, poisson.
[3] *Brouillon, brouillonne*, adj.; *brouillon*, substantif.
[4] *Nonpareil, Nonpareille*, adj.; *nonpareille*, substantif.

Incontinent involontairement le long du long au long longitu-
nalement long-temps longuement malhonnêtement mécontentement
mignonnement mondainement nonchalamment onzièmement ponc-
tuellement pontificalement profondément rondement secondement
spontanément surabondamment à tâtons volontairement. [1]

Méconnaître pondre reconduire reconnaître reconstruire refondre
répondre tondre. [2] Se reconnaître.

---

un.

Alun aucun aucune Brun brune Chacun [3] chacune commun
commune Défunt défunte Emprunt Falun à Jeun Lundi Quelqu'un quelqu'une le Sund Tribun Un une.

Trente-septième Exercice.

Ap ep ip yp op up.

Acceptable acceptant acceptante achoppement adoptif adoptive
appareil* appareillage* apparence apparent apparente appariement
appel appelant appellatif appendice appétence applicable applique

---

1 Adverbes.

2 Verbes de la 4me conjugaison. *Se reconnaître*, verbe réfléchi.

3 *Chacun, chacune*, pronom, *Un, une*, adjectif numéral.

appoint appointement appointé appointée appréciable appréciatif appréciative appréhension apprenti apprentie approbatif approbative approchant approchante approche appropriance appui apte aptitude autopsie Baptême [1] Cap capse capsule captatoire captif captive captivité capture cep [2] croup Développement dioptrique diptère Échappatoire échappée échappement échoppe éclipse écliptique écloppé écloppée enveloppe enveloppement Frappant frappante frappement Grappe grappillon * grappin grippe grippe-sou gypse la Happe l'heptameron l'hippiatrique l'hyppocentaure l'hippocrène l'hippodrome l'hippogriffe l'hippopotame la huppe le huppé la huppée l'hypnotique Inapplicable inappliqué inappliquée inappréciable inaptitude inepte Jalap jappement Laps [3] lippe lippée lippitude lippu lippue Mappemonde métalepse [4] Nappe nippe Opprobre opsigone optatif opticien optique Pepsie peptique Rappel rapprochement rapsode rapsodie rapt réceptacle relaps Sept septante septenaire septembre septentrion septentrional septentrionale septième septique septuagénaire septuple soupçon suppléant supplément supputatif syllepse synoptique Trappe la trappe trop Volupté Xérophtalmie. [5] Coq.

Apparemment septièmement. [5] Apparaître appendre apprendre rapprendre. [6]

---

1 Prononcez *ba-tè-me.*
2 Prononcez *cèp.*
3 Prononcez *lap-ce.*
4 Prononcez *Mé-ta-lèp-ce.*
5 Adverbes.
6 Verbes de la 4me conjugaison.

Trente-huitième Exercice.

Ar er yr ir or ur.

ar.

Alarmant alarmante alarme amarrage amarre anarchie anarchique antarctique aparté appartement appartemens appartenance appartenant appartenante arbalète arbitrage arbitraire arbitral arbitrale arbitre arbre arc arcade arc-boutant arceau fil d'archal archange [1] arche archéologie archevêché archevêque archidiacre archiduc archipel archiprêtre architecte architectonographie architectonographe architecture arçon arctique ardélion ardent ardente argent argenterie argentin argentine argile argument argumentant argyropée arlequin arlequine armature arme armement arménien arménienne armoire armillaire armon armorial armure arpége arpégement arpent arpentage arrachement arrangement arrentement arrêté arrête-bœuf arrhement arriéré arrière-ban arrière-ligne arrimage arrivage arrivée arrobe arroche arrogamment arrogance arrogant arrogante arroi arrugie ars arsenal arsenic arsenical arsenicale art artère artériel artérielle article artifice artificiel artificielle artimon Barbacane barbare barbarie barbe barbelé barbelée barberie barbichon barbon barbote barbu barbue barbure barcarolle barde bardelle barguignage barlong barlongue barque barquerolle barrage barre barreau barricade barrière barrique barrure bartavelle bâtard bâtarde bâtardière bavard bavarde bavardage bavarderie bayar bazar benarde bézoard ou bézard bigarrure binard bizarre bizarrerie blafard blafarde bombarde bombar-

---

1 Prononcez *ar-kan-ge*.

dement boulevart boutargue bouvard brocard brocart Cafard cafarde cafarderie cagnard cagnarde camard camarde caméléopard campagnard campagnarde canard canardière car [1] carbatine carbon carbonique carbonade carcan carde cardinal [2] cardinale cardon carme carmin carnage carnaval carné carnée carnivore carpe carré [3] carrée carrelage carrelure carrière carriole carrure carte cartel carteron carton cartouche catarrhal catarrhale catharre cathartique cauchemar caviar chamarrure char charbon charbonnée charcuterie chardon charge chargement charlatan charlatanerie charmant charmante charme charnel charnelle charnière charnu charnue charnure charpente charpenterie charpie charrée charretée charretin charriage charroi charron charronnage charrue chartre ou charte clarté cliquart cocarde colcotar coliart copartageant coquemar couard criard criarde czard Dard darne darse dartre débarquement débarqué [4] débarquée décharge déchargement décharné décharnée décharnement démarche démarrage départ département départemental départementale diarrhée diarrhodon Écarlate écarlatine écart écartement écharde écharnure écharpe égard à l'égard [5] émargement embarcadère embargo embarquement enharchement épargnant épargnante épargne épars éparse épinards étendard exarque Farce [6] fard farcin flambar fuyard fuyarde Garçon garde garde-fou garde-robe gardien gardienne gargotage gargote garnement garniment garniture gendarme gendarmerie gendre goguenard goguenarde goguenarderie grognard gueulard guimbarde le Hagard la hagarde la hallebarde le hangar [7] le hardi la hardie

---

1 *Car*, Conjonction.
2 *Cardinal*, *ale*, adj.; *cardinal*, subst.
3 *Carré*, *ée*, adj.; *carré*, subst.
4 *Débarqué*, *ée*, adj. et subst.
5 *A l'égard*, préposition.
6 *Farce*, viande hachée; *farce*, comédie plaisante.
7 On peut aussi écrire l'*angar*.

l'harmonica l'harmonie l'harmonique l'harpagon la harpe la harpie le harpin le harpon le hart la hiérarchie le hiérarchique le homard impardonnable impartable inarticulé inarticulée incartade Jaquemart jardin jardinage jargon jarnac jarre jarreté jarretée jarretière jars javart Lard lardon large largue larme larmoyant larmoyante léopard léthargie léthargique lexiarque lézard lézarde [1] liard litharge lombard lucarne Marbre marbrière marbrure marc marchand marchande marche marché marchepied mardi marge margelle marginal marginale marguerite marjolaine marli marmelade marmite marmiton marne marnière marquant marquante marque contre-marque marqueterie marraine marri marrie marron mars [2] martagon martel martelage martingale Marthe martyre martyrologe mégarde mignard mignarde milliard monarchie monarchique monarque montagnard montagnarde mouchard moufflard moufflarde moutarde Narcotique nargue narratif narrative narré nectar Oligarchie oligarchique outarde Panard pancarte papelard par [3] parce que par-devant parc parcage parcelle parchemin parcheminerie parcimonie pardon pardonnable parfaire parfilage parfum parjure parlant parlante parlement parlerie parmi [4] parque parquetage parrain parricide part partage partance parthenon parti participant participante participe particularité particule partie partitif partitive patriarcal patriarcale patriarche pelard pénard pendard pendarde pétard pharmaceutique pharmacie pharmacien pharmacopée placard [5] poignard polygarchie poularde poupard poupart ptarmique Quarré [6] quarrée quart [7] quarte

---

1 *Lézarde*, fente dans le mur.

2 *Mars*, 3me mois de l'année ; *Mars*, dieu de la guerre.

3 *Par*, préposition. *Parce que*, conjonction. *Par-devant*, terme de palais.

4 *Parmi*, préposition. *Parfaire*, verbe de la 4me conjugaison.

5 *Placard*, terme de menuiserie ; *placard*, affiche injurieuse.

6 *Quarré*, *ée*, voyez *carré*, *ée*.

7 *Quart*, *arte*, adj. et subst.

in-quarto [1] Rébarbaratif rébarbarative regard regardant regardante remarquable remarque rembarquement rempart renard renarde répartie retard retardement rhubarbe richard riflard Sarbacane sarcelle sarclure sarcophage sardine sardonien ou sardonique sarment sarrau simarre sougarde surard tard tardif tardive targe tarse tartane tartare tartarie tarte tartine tartre tartufe tartuferie tétard tétrarchie tétrarque traquenard Vantard Var.

Mouillez les (ll).

Ardillon armadille artillerie Babillard babillarde barbouillage barbillon béquillard billard braillard braillarde brouillard Carpillon charmille chevrillard colin-maillard Écarquillement égrillard égrillarde Marguillerie éparpillement Gaillard gaillarde gargouillade gargouille gargouillement marmaille Oreillard oreillarde orillard orillarde Paillard paillarde pillard pillarde Vétillard vétillarde vieillard.

Adverbes.

Arbitrairement arbitralement d'arrache-pied artificiellement Barbarement bizarrement Carrément charnellement couardement gaillardement * » Hardiment harmoniquement » hiérarchiquement Imparfaitement largement largo Mignardement monarchiquement Parfaitement particulièrement partant Quarrément Tardivement.

---

1 Prononcez *in-kouar-to.*

Verbes en **er**, 1re *conjugaison.* [1]

Abandonner abcéder abdiquer abecquer abîmer ou abymer abjurer abluer abonder abonner aboucher abouquer abouter aboyer abraquer abréger abréveter abreuver abriter abroger absterger abuter acagnarder accabler accaparer accarer accéder accélérer accenser accentuer accepter acclimater accoler accommoder accompagner accôter accoucher accoupler accoutrer accoutumer accréditer accrocher acculer accumuler accuser acérer achalander acharner acheminer acheter achever aciduler acoquiner acquêter activer adopter adhérer adirer adjuger admirer admonéter adopter adorer adouber aduler adultérer aérer affamer affecter affermer afficher affiler affilier affiner affirmer affleurer affliger affluer affoler affréter affronter affubler affûter agacer agencer agglutiner aggraver agioter agiter agneler agrafer agréer agréger agrouper ahaner aigayer ou aiguayer aimanter aimer airer ajouter alambiquer alarguer alarmer aleviner aliéner aligner alimenter aliter allaiter alléger alléguer aller allier allonger allouer allumer aloyer altérer alterner aluner amadouer amalgamer amariner amarrer ambrer améliorer aménager amender amener ameuter amodier amonceler amplifier amputer ancrer animer annexer annihiler annoncer anonner annoter annuler anticiper antidater aoûter apitoyer apparier appeler appéter appliquer appointer apprécier appréhender apprêter approcher approprier approuver appuyer apurer arbitrer arborer arçonner argenter argoter arguer argumenter armer arpéger arpenter arquer arracher arranger arrenter arrérager arrêter arrher arriérer arrimer arriver

[1] On ne doit point faire sentir l'*r* finale dans les verbes suivants.

25

articuler atermoyer atinter augmenter augurer aumôner auner avaler avancer avantager aventurer avérer aveugler aviner aviver avouer azurer Bâcler badauder badigeonner badiner bafouer bafrer baguenauder baguer baigner balafrer balancer balayer baliverner bander banner banqueter baqueter baragouiner baraquer barder barguigner barioler barrer barricader bâter batifoler bâtonner bavarder baver bavocher bayer béatifier bêcher becqueter bégayer bêler bercer berner bertauder beugler biffer bigarrer bigler biguer biner biqueter blâmer bloquer bluter bobiner boiter bomber bondonner bonifier bonneter boucaner boucher bouchonner boucler bouder bouffer bouffonner bouger bouler bouleverser bouquer bouquiner boutonner boxer braconner braguer bramer brancher branler braquer braver brelander bréveter bricoler brider brifer brigander briguer brimbaler briqueter brocanter brocarder brocher broder broncher bronzer broyer bruiner brûler bûcher buffeter buriner buter butiner Cabaler câbler caboter cabrioler cacher cacheter cadrer cagnarder cahoter caimander cajoler calciner calculer caler calfater calfeutrer calibrer calmer calomnier calquer cambrer camper canarder canceller caneter canneler cannonner cantonner capituler caponner captiver capturer caquer caqueter carabiner caracoler caramboler carder caréner carguer carier carreler carrer cartayer cartonner caver céder célébrer caler censurer centupler cercler cerner certifier chagriner chamarrer chambrer chanceler chanfreiner changer chansonner chanter chapeler chaperonner chapitrer chaponner charbonner charcuter charger charletaner charmer charpenter charrier charroyer châtier chauffer chauler chaumer chavirer cheminer chercher chevroter chicaner chicoter chienner chiffonner chiffrer chiner chinquer chiper chipoter chômer chopper choquer choyer chuchoter cimenter cingler cintrer citer clabauder clamer claquer clarifier clicher cligner clignoter cliqueter clocher cloîtrer clouer clouter coaguler cocher cochonner coffrer cogner cohabiter coiffer coïncider coller colleter colloquer colorer commercer commuer communier communiquer comparer compenser compéter compiler compléter complimenter comploter comporter comprimer compter compulser concéder concélébrer concentrer concerner concerter concilier condamner condenser confabuler confectionner conférer confier configurer confiner confirmer confronter congédier congeler conglumérer conglutiner congratuler conjecturer conjuguer conjurer conniver consacrer conserver considérer consigner consoler consolider consommer conspirer conspuer constater conster consterner constiper constituer consulter consumer contempler contenter conter continuer contracter contrarier contrecarrer contremander contrôler controuver contumacer converser convier convoiter convoler convoquer convoyer coopérer coopter copier coqueliner coqueter coter cotoyer coucher couder coudoyer couler couper coupler coupleter couronner coûter couver cracher crachoter cramponner crapuler craquer craticuler crayonner créditer créer crémer créneler crêper crêteler crever cribler crier critiquer crocheter croquer crouler crucifier cuivrer culbuter culminer cultiver cumuler curer cuveler cuver Daigner damner dandiner danser darder dater dauber débâcler débagouler déballer débander débarder débarquer débarrer débâter débaucher débiffer débiliter débiter déblatérer déblayer débloquer déboîter débonder débondonner déboucher déboucler débouquer déboutonner débrider débûcher débuter [1] décacheter décalquer décamper décapiter décarreler décéder déceler décerner déchaîner déchanter décharger décharner déchaumer décheveler déchevêtrer déchiffrer déchi-

---

[1] *Débuter*, ôter du but ; *débuter*, commencer.

queter déchirer décider décimer décintrer décirer déclamer déclarer déclaver déclimater décliner déclouer décocher décoiffer décoller décolleter décolorer décombrer décompter déconcerter déconsidérer décontenancer décorer découcher découler découper découpler décourager décréditer décrépiter décréter décrier décrocher décrouter décruer dédaigner dédamer dédier dédommager dédorer dédoubler défâcher défalquer déférer déferrer défier défigurer défiler déflegmer défoncer défrayer défricher défroncer défroquer dégager dégaîner déganter dégeler dégénérer dégluer dégoûter dégrader dégrafer dégrappiner dégravoyer dégringoler dégueuler déguignoner déhaler déharnacher déifier déjeuner déjouer déjucher délabrer délacer délarder délayer délecter déléguer délibérer délicater délier déliter délivrer déloger démancher demander démanger démanteler démantibuler démarier démarquer démarfer démâter démêler démembrer déménager démériter démeubler demeurer démonter démontrer démurer dénaturer dénicher dénier dénigrer dénombrer dénommer dénoncer dénoter dénouer dénuer dépaqueter déparer déparier déparler dépaver dépecer dépêcher dépenser dépêtrer dépeupler dépiécer dépiler dépiquer déplacer déplanter déplier déplorer déployer déplumer dépcinter dépoter dépoudrer dépraver déprécier dépréder déprier déprimer dépurer députer déraciner dérader déranger dérater dérégler dérider dériver dérober déroger dérouler dérouter détacher détaler dételer détériorer déterminer déterrer détirer détoner [1] détonner détracter détraquer détremper détromper détrôner devancer développer déverser dévider dévier deviner dévoiler dévorer dévouer dévoyer dialoguer dicter diffamer différencier différer digérer dilacérer dilapider dilater dili-

---

[1] *Détoner*, s'enflammer avec bruit. *Détonner*, sortir du ton.

genter diminuer dîner diriger divaguer diversifier divulguer dodiner doigter dominer dompter ou domter donner dorer doter doubler doucher douer douter drageonner draguer drapper drayer droguer dulcifier duper dupliquer durer Ébarber ébaucher ébéner ébrancher ébranler ébrécher ébrener ébrouer ébruiter écacher écafer écaler écarteler écarter échafauder échancrer échanger échapper échardonner écharner écharper échauder échauffer échiner échopper échouer écimer éclairer éclater éclipser écouer écouter écrémer écréter écrquer écroûter éculer écumer écurer édenter édifier éfaufiler effacer effaner effarer effaroucher effectuer efféminer effigier effiler effiloguer efflanquer effleurer effondrer effrayer effriter effumer égaler égarer égayer [1] égrapper égratigner égrener égruger égueuler éherber éhouper élaguer élever élider éloigner éluder émanciper émaner émarger embabouiner emballer embarquer embâter embâtonner embaucher embaumer embéguiner emblaver emboîter emboucher embouer embrocher émender émier émigrer émincer emmancher emmannequiner emmariner emmener emmieller emmitoufler émolumenter émonder émoucher empaler empanacher empaqueter empâter empaumer empêcher empêtrer empiéter empiffrer empiler empirer emplâtrer employer emplumer empocher empoigner emprunter émulsionner encadrer encager encaquer encaver encenser enchaîner enchanter enchaper enchaperonner enchifrener enclaver encloîtrer enclouer encoffrer encombrer encourager encuver endêver endoctriner endommager endurer énerver enfaîter enfanter enfariner enfermer enferrer enfiler enflammer enfler enfoncer enfroquer enfumer engager engendrer engerber englober engluer engouer engouler engranger engraver engrener enharnacher enivrer [2]

---

enjamber enjaveler enjoler enjoliver eulacer enlever enligner enluminer
ennuyer énoncer enrager enrayer enrégimenter enrhumer enrôler enrouer
ensabler ensacher ensanglanter enseigner ensemencer ensoufrer ou soufrer
entacher entamer enter entériner enterrer entêter enticher entonner
entourer entraîner entraver entrecouper entrelacer entrelarder entre-
mêler entrer énumérer envelopper envenimer enverguer envier envi-
ronner envoûter envoyer épamprer épancher épargner épauler épeler
épicer épier [1] épierrer épigeonner épiler épiloguer éplucher épointer
éponger époudrer époumoner épouvanter éprouver épucer épurer équiper
équipoller équivoquer érafler érater éreinter ergoter ériger errer établer
étager étaler étalonner étamer étamper étancher étançonner étaler étayer
éternuer étêter étinceler étioler étiqueter étirer étoffer étonner étouffer
étouper étrangler étrenner [2] étriper étronçonner étudier étuver évacuer
évaluer évaporer éventer éventrer évider évier éviter évoquer exagérer
exalter examiner exaucer exécrer exécuter exempter exercer exiger exiler
exulter Fabriquer fâcher faciliter façonner fagoter fainéanter falquer
falsifier faner farder fatiguer faucher faufiler féconder féer fêler féliciter
fermenter fermer ferrer fêter fétoyer fiancer ficeler ficher fier
figer figurer filer filouter filtrer financer fixer flageller flairer flamber
flamboyer flanquer flaquer fleurer fluer flûter foirer folâtrer fomenter
foncer fonder fouler fracturer franger frapper frauder frayer fredonner
frelater fréquenter fringuer friper friponner frôler froncer fronder
fructifier fumer fureter Gacher gaffer gager gagner galonner galoper
gambader ganter garancer garer gargoter gâter gaufrer gauler gazer
gazonner geler gendarmer gêner gerber gercer gérer germer giboyer
gîter glacer glairer glaner glorifier glouglouter gluer gobeloter gober

---

1 *Épier*, monter en épi ; *épier*, observer secrètement,
2 Prononcez *é-trè-né*.

godronner goguenarder goinfrer gommer gonfler gondronner goulet goûter gouverner graduer granuler graticuler gratifier graver graviter gréer greffer grêler [1] greneler grener grever griffer griffonner grignoter grimacer grimeliner grimper grincer gripper griveler grogner gronder grouper gruger guéer guerroyer guêtrer gueuler guider guigner guinder Habiliter habiter habituer » hâbler » hacher » halener » hâler haléter » hanter » happer » haranguer » harnacher » harper » harponner » hâter héberger hébéter » héler herber hériter » herser heurter hiverner » hocher hogner hollander homicider homologuer honorer » huer huiler humecter » humer humilier hypothéquer Identifier idolâtrer ignorer illuminer imaginer imbiber imiter immatriculer immoler impétrer implanter impliquer implorer imprégner imprimer improuver imputer incaguer incarcérer incendier incidenter inciter incliner incommoder inculper inculquer indigner indiquer infatuer infecter inféoder inférer infirmer infliger influencer influer inhiber inhumer injecter injurier innocenter innover [2] inoculer inonder inquiéter insérer insinuer insoler inspecter inspirer installer instiguer instiller instituer instrumenter insulter intabuler intégrer intenter intercaler intercepter interjeter interloquer interpeller interpoler interpréter interroger intimer intimider intituler intriguer invalider invectiver inventer inventorier inviter invoquer ivrogner Jabler jachérer jalonner japper jardiner jargonner jauger javeler jeter jeûner joncher jouer jouter jubiler jucher juger jurer Labeurer labourer lacer lacérer lâcher lambiner lamenter laminer lamper lancer langueyer lanterner laper lapider lapidifier larder larguer larmoyer laver layer lâcher légitimer léguer lever libérer libertiner licencier liciter liéger lier lignager ligner

---

1 *Gréler*, verbe impersonnel ; *gréler*, gâter par la grêle, verbe actif.
2 Prononcez *ein-no-ver*.

liguer limer limiter liquéfier liquider livrer locher loger longer louanger loucher louer lourer louveter louvoyer loyer lubrifier lutiner luxer Macérer mâcher machiner mâchonner mâchurer maçonner marquer maculer magnifier malaxer malmener malverser mander manger manier manœuvrer manquer manufacturer maquignonner marauder marbrer marchander marcher marger marier mariner marmonner marner maroquiner maroufler marquer marqueter marteler mâter [1] mater mâtiner mêcher mécontenter médeciner médicamenter méditer mélanger mêler menacer ménager mendier mener mériter miauler mignarder mignoter mijoter militer minauder miner minuter mirer mitonner modeler modérer moderner modifier moduler monder mondifier monnoyer monter montrer morigéner motiver moucher moucheter mouler moutonner mouver moyenner [2] moyer muer mugueter muleter multiplier murer mutiler Nager naqueter narguer narrer naviguer navrer négliger négocier neiger nicher nieller nier nigauder nipper niveler nombrer nommer noter notifier nouer noyer nuancer nuer numéroter Obérer objecter obliger obombrer obséder observer obstiner obstruer obvier occuper octroyer offenser officier ombrager ombrer ondoyer onduler opérer opiler opiner opiniâtrer opprimer opter orienter ôter ouater oublier outrager outrer ouvrer Pacager pacifier pallier palper palpiter pâmer panacher paner panser panteler pardonner parer parfiler parfumer parier parler participer pateliner patiner patronner pâturer paumer paver payer pêcher pédanter peigner peiner peler peloter pelotonner pelucher pencher pénétrer penser pensionner pépier percer perforer péricliter périmer permuter perpétuer persécuter persévérer persifler personnifier persuader pétarder pétrifier peupler piaffer piauler

---

1 *Mâter*, garnir de *mâts*. *Mater*, humilier.
2 Prononcez *moa-ié-né*

picorer picoter piéter piler pilorier piloter pincer pinter piocher
pioler piper piquer pirater pivoter placarder placer plafonner plaider
planer planter plaquer plâtrer pleurer plier plomber plonger ploquer
ployer ou plier pocher pocheter poignarder pointer policer politiquer
polluer polityper pommader pommer pomper pomponner poncer ponctuer
ponter poudrer pouffer pouliner praliner pratiquer précéder prêcher
précipiter précompter prédécéder prédominer préférer préjudicier préjuger
préléguer prélever préluder préméditer préoccuper préopiner préparer
prêter prévariquer prier primer priver procéder proclamer procréer
procurer prodiguer profaner proférer profiler profiter prohiber projeter
prolonger promener prominer promulguer prôner prononcer propager
proroger protéger prouver provigner provoquer publier puer purifier
putréfier quadrer quadrupler [1] qualifier quereller quéter quintupler
Rabâcher raboter rabrouer raccommoder raccoutrer raccrocher rachalander
racheter racler racoler raconter radoter radouber raffiner raffoler rafler
ragoûter ragréer râler rallier rallonger rallumer ramadouer ramager
ramender ramener ramer ramoner ramper rançonner ranger ranimer
rapatrier râper rapiécer rapiéceter rapiner rappeler rapprocher raréfier
râteler rater ratifier raturer ravager ravaler ravauder ravigoter raviver
rayer rayonner réaggraver reboucher rebroder rebuter recacheter
récalcitrer récapituler recéler recenser receper réchapper recharger
réchauffer rechercher réchigner récidiver réciter réclamer reclouer
recogner recoiffer récoler recoller récolter recommander recommencer
récompenser recompter réconcilier recopier recouvrer récréer recribler
récriminer recruter rectifier reculer redanser redemander redemeurer
rédiger rédonder redonner redorer redoubler redouter réédifier référer
refermer refléter refluer refonder refouler refrapper réfuter regagner

---

[1] Prononcez *kou-a-dru-plé*.

27

régaler regarder régénérer régenter regimber régler régner regonfler regouler réhabiliter rehacher rehanter réimprimer réintégrer réitérer rejeter relâcher relancer relaver relaxer relayer reléguer relever relier relouer reluquer remâcher remanier remarier remarquer rembarquer rembarrer remboîter rémédier remémorer remener remercier remeubler remmener remonter remontrer remplacer remplier remployer remplumer rempocher remuer rénumérer renclouer rencogner rencontrer rendoubler reneiger renfaîter renfermer renfiler renflammer renfler renfoncer rengager rengaîner rengréner renier renifler renommer renoncer renouer renouveler renseigner rensemencer renverser renvier renvoyer réoccuper réparer repêcher répercuter répéter repeupler replacer replanchéier replâtrer replier répliquer repomper réprimander réprimer reprocher réprouver répudier répugner réputer requiper retaper retarder retirer retomber retoucher retracer rétracter retrancher rétrograder retrouver revancher révéler revendiquer rêver réverbérer révérer reverser revider revirer révivifier révolter révoquer ricaner rider rimer rincer rioter river rôder rogner rôler ronfler ronger roucouler rouer rouler rudoyer ruer ruiner ruminer Sabler sablonner saboter sabrer saccager sacrer sacrifier safraner saigner salarier saler saliver saluer sanctifier sangler sangloter saper satiner saucer saupoudrer saurer sauter sauver saveter savonner savourer scruter sculpter sécher seconder [1] secouer séjourner seller sembler semer semoncer séparer septupler [2] sergenter serger seringuer sermonner serpenter serrer sevrer siéger siffler signaler signer signifier - simplifier simuler singer siroter situer soigner solder solfier solliciter sombrer sommer sonder songer sonner souder soudoyer souffler souffleter soufrer souhaiter soulager soûler soulever souligner

---

[1] Prononcez *ce-gon-dé*.
[2] Prononcez *cèp-tu-plé*.

soupçonner souper soupirer soutirer spécifier spéculer spolier statuer stéréotyper stimuler stipendier stipuler stratifier stupéfier styler subdéléguer subjuguer submerger subroger substituer succéder succomber sucer suçoter sucrer suer suffoquer suggérer suinter superséder supplanter suppléer supplicier supplier supprimer suppurer supputer surabonder suracheter suranner syncoper Tabler tâcher [1] tacher tacheter talonner tambouriner tamponner tancer tanner taper tapoter taquer taquiner tarauder tarder tarer tarifer tartufier tâter tâtonner tatouer taxer témoigner tempérer tempêter tenter tercer ou terser tergiverser terminer téter tiercer tignoner timbrer tinter tiquer tirer titiller titrer tolérer tomber tonneler tonner tonsurer toper toucher tracer trafiquer traîner traiter tramer trancher transférer transfigurer transiger transmuer transpercer transpirer transplanter transsuder traquer traverser trébucher trembler trembloter tremper trépaner trépigner tricher tricoter trier trigauder trimer tringler trinquer triompher tripler tripoter triturer tromper trompeter tronçonner tronquer troquer troubler trouer trouver trucher tuer tuméfier tutoyer Ulcérer uriner Vacciner vaciller vagabonder vaguer valeter valider valser vanner vanter vaquer varier végéter velter vendanger vendiquer vener vénérer venger venter [2] verdoyer vergeter vérifier verser versifier vexer vibrer vicarier vicier victimer vider vieller vilipender vinaigrer violenter violer virer vitrer vitrifier vitupérer vivifier vivoter voguer voiler voiturer voler [3] volter voltiger voluter voter vouer voûter voyager.

---

1 *Tâcher*, s'efforcer. *Tacher*, souiller, salir.
2 *Venter*, faire du vent. *Vanter*, louer, priser.
3 *Voler*, se soutenir en l'air par le moyen des ailes ; *voler*, prendre furtivement.

Verbes Pronominaux, en ER.

S'abandonner s'abîmer s'abonner s'aboucher s'abreuver s'abroger s'absenter s'acclimater s'accommoder s'accompagner s'accoter s'accouder s'accoutumer s'accrocher s'acculer s'accumuler s'achalander s'acharner s'acheminer s'achever s'acoquiner s'admirer s'adonner s'afficher s'affilier s'affiner s'affliger s'affubler s'agglomérer s'aggraver s'agiter s'agréer s'agriffer s'aider de... s'aimer s'alambiquer s'alarmer s'aliter s'en aller s'allier s'allumer s'altérer s'amouracher s'ancrer s'animer s'anuiter s'apitoyer s'apparenter s'apparier s'appliquer s'apprêter s'approcher s'approprier s'armer s'arracher s'arrêter s'abroger s'augmenter s'avaler s'aveugler se Baigner se bander se boutonner se brûler se Cabrer se cacher se caliner se cambrer se camper se cantonner se carrer se charger se chauffer se choquer se coaguler se coffiner se cogner se coiffer se colleter se colorer se communiquer se concentrer se concerter se condenser se confédérer se confier se confiner se confirmer se congeler se conjuguer se consacrer se consulter se consumer se contenter se contracter se cotonner se coucher se couler se couper se couver se cramponner se Damner se dandiner se débonder se déboutonner se déchaîner se décharger se décider se déclarer se décoller se décontenancer se dédorer se défferrer se défier se défiler se dégager se dégeler se dégluer se dégoûter se dégrader se délecter se délicater se délicoter se démarier se démêler se démener se dénouer se dépêcher se dépêtrer se dépiquer se dépiter se déplumer se déranger se dérober se détacher se détromper se développer se dévouer se dilater se dodiner se domicilier se douter s'Ébouler s'ébranler s'ébrécher s'ébrouer s'ébruiter s'écarter s'échapper s'échauder s'échauffer s'éclipser s'écouler s'écouter s'écrier s'écrouler s'éculer s'effarer s'effiler s'effrayer s'effriter s'égarer s'égrener s'élancer s'élever s'élider s'éloigner s'émanciper s'embarquer s'emberlucoquer s'emboucher s'emménager s'empaqueter s'emparer s'empêcher de.... s'empêtrer s'empiffrer s'employer s'enchevêtrer s'endimancher s'enfermer s'enferrer s'enfoncer s'engager s'engendrer s'engouer s'engouffrer s'engraver s'enivrer [1] s'ennuyer s'énoncer s'enquêter s'enraciner s'enrhumer s'enrôler s'enrouer s'ensabler s'entabler s'entêter s'entonner s'entr'aimer s'entre-choquer s'entre-donner s'entre-frapper s'entre-percer s'entre-quereller s'époumoner s'épouvanter s'épurer s'équivoquer s'ériger en.... s'étioler s'étudier s'évader s'évaporer s'éventer s'éventrer s'examiner s'exiler se Fâcher se faner se féliciter se figer se Gangrener se garer se geler se gendarmer se glacer se glorifier se goberger se gouverner se gripper se grumeler s'Habituer se hâler se hâter se heurter s'Imaginer s'imbiber s'incarner s'incliner s'indigner s'infiltrer s'ingénier s'ingérer s'intriguer s'invétérer se Jeter se jouer se Lancer se lever se licencier se lier se lignifier se Manger se marier se mécompter se mêler se mirer se modeler se modérer se moquer se mutiner se Nicher se nouer se noyer s'Obstiner s'occuper s'offenser s'opiniâtrer s'orienter s'oublier se Pâmer se panacher se panader se parjurer se parler se pavaner se peiner se persuader se plonger se pommeler se promener se propager se purifier se Qualifier se quereller se Raccoutumer se raffiner se ragoûter se ramifier se ranger se rappeler se ratatiner se reboucher se rebuter se réclamer se récompenser se récréer se récrier se rédimer se référer se refrogner se réfugier se régénérer se régler se réhabiliter se relâcher se reléguer se relever se remarier se rembarquer se rembucher se remuer se rencontrer se renfrogner se replier se retirer se retrancher se rider se ruer se sacrifier se sauver se seller se séparer se signaler se soucier se soûler se soulever

---

[1] Prononcez s'an-ni-vré.

se Targuer se taxer se terminer se terrer se tirer se toucher se traîner se tromper se tuer se Vanter se vautrer se vermouler.

Mouillez les (ll).

Aiguillonner [1] avitailler Bâiller bâillonner barbouiller babiller batailler béquiller billarder biller billeter billonner bouiller bouillonner brailler bredouiller brétailler briller brouiller Cailler chamailler cheviller ciller conseiller coquiller criailler Dépareiller dépouiller dérouiller déverrouiller driller Écarquiller écailler échantillonner écheniller écouvillonner effeuiller égravillonner émailler embrouiller émerveiller empailler enrouiller entailler éparpiller érailler étriller éveiller Farfouiller ferrailler feuiller feuilleter fouailler fouiller frétiller Gargouiller gazouiller grailler grapiller grenailler griller guillocher [2] guillotiner Mailleter mouiller Outiller Papillonner papilloter patrouiller pétiller piailler pointiller pouiller Quoailler Railler recoquiller rempailler répétailler rétriller réveiller rimailler rouiller roupiller Sautiller siller sillonner sommeiller souiller Tailler taillader tatillonner tirailler toupiller travailler Veiller vermillonner verrouiller vétiller.

Se Brandiller se brouiller se Cailler se chamailler se conseiller se Débrouiller se dérouiller s'Effeuiller s'embrouiller s'émerveiller s'encanailler s'entre-tailler s'éveiller se Railler se réveiller se travailler.

---

[1] Prononcez *é-gu-i-glio-né.*
[2] Prononcez *ghi-glio-ché ; ghi-glio-ti-né.*

Noms et Adjectifs en ER.

Abricotier abstersif abstersive abstersion acerbe acerbité acier adverbe adverbial adverbiale adverbialité adversaire adversatif adversative adverse adversité alaterne alberge albergier alenier alerte alizier alter_natif alternative alterne amandier amertume amidonnier anecdotier ânier animadversion anniversaire antiphonier apercevable apercevance archer argentier armurier artificier atelier atermoiement auberge aubergine aubier audiencier aumônier [1] aumônière avant-dernier avelinier aventurier aventurière averse aversion azerolier Bachelier baguenaudier baguier balancier baliverne ballonnier bananier ou figuier d'Adam bandoulier banqueroutier banquier barbier batelier batelière bâtier bâtonnier baudrier belier bénéficier bénitier bergamote berger bergère bergerie berline berlue berne bernement bernique bijoutier bimbelotier blatier bocager bocagère boîtier bombardier bonnetier boucanier boucher bouchère bouclier boulanger boulangère bouleversement bouquetier boutiquier boutonnier bouvier bouvière boyaudier braconnier brandevinier brandevinière brelandier brelandière bricolier brigadier briquetier buandier Buandière bûcher buvetier Cabaretier cabaretière cabotier cacaoyer cafetier cahier calendrier camérier cannellier canonnier cantinier caprier carabinier caravanier cartier cartonnier caverne ceinturier cellier cendrier centenier cerbère cercle cerf-volant cerne certain certaine certitude cervelle chambrier chambrière chancelier chandelier chansonnier chansonnière chantier chapelier chapelière charbonnier charbonnière charcutier charcutière charpentier charretier charretière charrier chateigner chaudronnier cherté chevalier chevrier chi-

---

1 *Aumônier , ère ,* adj.; *aumônier ,* subst.

canier chicanière chiffonnier chiffonnière chipotier chipotière cierge cimeterre cimier cinquantenier citerne citronnier clapier clavier clergé clocher cloutier cocher cocotier cohéritier cohéritière collier colombier commerçable commerçant commerçante commerce commercial commerciale compaternité compotier concernant concertant concertante concerto concierge confiturier confiturière confraternité conservatoire conserve contrayerva contrebandier contrebandière controverse controversé controversée converse conversion convertible coquetier cotonnier coucher coudrier coutumier coutumière couturier couturière couvercle couverte couverture couverturier créancier créancière crinier croupier croutier cuvier Damier danger découverte déjeuner ou déjeuné denier dépensier dépensière dernier dernière derrière derviche déterminant déterminante déterminatif déterminative devancier devancière dévergondé dévergondée déversé déversée dindonnier dindonnière dîner diverse diversifiable diversion diversité dizenier doigtier dominotier douairier douanier drapier droguier droitier droitière Ébénier échiquier écolier écolière écuyer encrier énergie énergique énergumène enterrement entier entière éperdu éperdue épervier épicier épicière épiderme épinglier épinglière équerre erroné erronée étapier éternel éternelle éternité éternument étranger étrangère étrier Euterpe exercice Façonnier façonnière faïencier faïencière familier familière farinier ferblantier fermage ferme ferment fermeté fermeture fermier fermière ferrant ferrement ferrure fertile fertilité fervent fervente février ficellier fierté figuier financier flamberge fontenier foyer fraternel fraternelle fraternité fripier fripière fromager fromagère fruitier fruitière fumeterre fumier Gagne-denier gainier gantier gantière gargotier gâte-métier gaucher gauchère gaufrier gazetier gazier genévrier geolier geolière gerbe gerbière gerce gerçure germain germaine germe giberne gibier giroflier gommier gondolier gouvernante gouvernement grainier grainière gravatier gravier greffier grenadier grenadière grènetier grènetière grenier griffonnier grimacier guêpier guerre guerrier guerrière guichetier guignier le Hallebardier l'herbager l'herbagère l'herbe l'herbier l'herbière l'herbivore l'herbu l'herbue l'Hercule l'héritier l'héritière l'hermétique l'hermine l'hermitage la » herse le hêtre l'hivernal l'hivernale l'hommager l'huilier l'hyperbole l'hyperbolique Imberbe immersion immobilier immobilière imperceptible imperdable imperméabilité imperméable impersonnel impersonnelle impertinence impertinent impertinente inadvertance inaperçu inaperçue incertain incertaine incertitude indéterminé indéterminée indigotier inerte inexercé inexercée infernal infernale infertile infertilité insermenté intercadence intercadent intercadente interdire [1] interlocutoire interlope interligne interlinéaire intermède intermédiaire interminable interne interprétatif interprétative interprète interrègne interrogant interrogatif interrogative interrogatoire interrompre intervalle intervenant intervenante interversion inversable inversion Janvier jardinier jardinière joaillier joaillière jujubier Lancier lanterne lanternerie lanternier lanternière larmier larmiers laurier léger légère levier lévrier liberté libertin libertine libertinage lierre limonadier limonadière limonier linger lingère loyer lunetier luzerne luzernière lycopersicum Malherbe malletier mallier maltotier manœuvrier manufacturier marbrier marinier maroquinier marronier maternel maternelle maternité matinière Méditerranée ménétrier mensonge mensongère mercantile mercenaire mercerie merci mercier mercière mercredi Mercure mercuriale mercuriel mercurielle merlan merle merlin merluche métayer métayère métier meunier mi-denier millier minaudier minaudière Minerve miroitier mobilier mobilière moderne moutardier moutonnier moutonnière muletier mûrier

---

mymercie Nautonnier néflier nerval nervale nervure noyer Observance observatoire offerte offertoire officier olivier opercule oranger ouvertement ouverture ouvrier ouvrière Palefrenier palier palmier palonnier pannetier panier papetier papier paratonnerre parterre patenotrier paternel paternelle paternité pêcher pelletier pelletière pénitensier perçant perçante perce percement perceptibilité perceptible perche perdable perdant perdre [1] se perdre perdigon perfectibilité perfectible perfide perfidie perle perlé perlée perlure permanence permanent permanente perméabilité perméable perpendiculaire perpétuité perplexe perplexité perriche perrière perron perruche perruque perruquier la Perse persécutant persécutante Persée persévérance persévérant persévérante persienne [2] persifflage persil [3] persique personnage personnalité personne personnel personnelle personnifier perspectif perspective perspicacité perspicuité perte pertinent pertinente pervenche perversion perversité pétardier peuplier pierre pierrée pigeonnier pilier pincelier pionnier plaidoyer plâtrier plombier poêlier poirier poivrier pommier pompier pontonier potager potier poudrier prébendier premier première premier-né printanier printanière proverbe proverbial proverbiale prunier psautier Quartanier quartier quartier-maître quaterne Ramier rancunier rancunière ratier ratière redevancier redevancière régulier régulière remercîment rentier rentière renversement reperdre repertoire réverbère réversal réversale reversi réversible réversion romancier roturier roturière roulier routier Sablier sablonnier sabotier sacerdoce sacerdotal sacerdotale safranier safranière saladier salpêtrier salpêtrière sanglier saunier savetier savonnier sellier sempiternel sempiternelle sentier serge sergent sergenterie ser-

---

[1] *Perdre, reperdre,* verbes de la 4me conj. *Se perdre,* verbe pronominal.
[2] Prononcez *Per-ciè-ne.*
[3] Prononcez *per-ci.*

*m*ent sermon sermonnaire serpe serpent serre serre-tête serrure serru-
rerie serrurier servage servant servante serviable service servile servilité
servitude singulier singulière sommelier sommelière souper sterling
sternum sternutatoire subalterne submersion subterfuge subversif sub-
versive subversion sucrier superbe supercherie superficie superficiel
superficielle superfin superfine superflu superflue superfluité superlatif
superlative Tabernacle tabletier tabletière tablier taverne tavernier
tavernière taxidermie teinturier templier tenancier tenancière terme
ternaire terne terrain terral terre terre-mérite terrible terrier ter-
rine terrinée territoire tertre thermal thermale thermomètre tierçon
tierce timbalier timonier toilier tombelier tonnelier tonnerre tontinier
tontinière transversal transversale transversaire transverse traverse tra-
versée traversière traversier traversin tripier tripotier tubercule tuilier
tulipier Universalité universel universelle université Vacher vachère
vannier verbal verbale verbe verbiage verdâtre verdoyant verdoyante
verdure verdurier verge verger vergogne vergue vermicelle vermifuge
vermine vermoulure vernal vernale verre verrerie verrier verroterie
verrou verrue versant versante versatile versatilité versement version
verso vertical verticale vertige vertigo vertu verve verveine viager
viagère vierge vinaigrier violier vitrier vivandier vivandière vivier
voilier voiturier voyer.

Mouillez les (ll).

Aiguilletier aiguillier Bercail boutillier Cercueil cerfeuil cuillier ou cuillère
Ferraille marguillier mercantille merveille Oreiller Persillade persillé
persillée pierraille poulailler Quinquailler serpillière Taillandier Vermeil [1]
vermeille vermillon.

---

[1] *Vermeil, eille*, adj. ; *vermeil*, subst.

Adverbes.

Adverbialement alternativement avant-hier certainement couvertement dernièrement déterminément diversement Énergiquement éternellement Fermement fervemment fraternellement Hermétiquement hyperboliquement Imperceptiblement impersonnellement impertinemment incertainement indéterminément Maternellement Ouvertement Paternellement perfidement perpendiculairement persévéramment personnellement pertinemment proverbialement à la Renverse Serrément servilement superbement superficiellement superlativement Terriblement transversalement Universellement Verbalement verticalement volontiers.

———

Faites sentir l'r finale.

Amer amère Cancer clerc concert convers converse couvert [1] couverte devers [2] dévers divers diverse Enfer envers [3] ers [4] éther Fier Hiver Lucifer Mâchefer Mer Nerf [5] Outremer Pervers perverse Revers Serf [6] serve stathouder Tiers tierce travers Univers Ver vers [7] vert verte.

Avant-hier à Couvert à Découvert Hier. [8]

---

1 Adj. et subst.
2 Préposition.
3 Préposition.
4 Prononcez *èrse.*
5 Prononcez un *nèrf*, des *nèrs* au pluriel.
6 Prononcez *cerfe*; *serf*, esclave. *Cerf*, animal.
7 préposition et subst.
8 Adverbes.

Verbes en **ir**, 2me *conjugaison.*

Abâtardir abélir abétir abolir abonnir aboutir abrutir accomplir accourir acquérir adoucir affadir affaiblir affermir affranchir agir agrandir aguerrir ahurir aigrir allégir amaigrir amatir amboutir ameublir amincir amoindrir amollir anéantir anoblir aplanir aplatir appauvrir appartenir applaudir approfondir arrondir avenir avertir avilir Bannir bâtir bénir blanchir blêmir bleuir blondir bondir boufir brouir brunir Chancir chauvir chérir circonvenir compatir concourir conquérir consentir contenir convenir convertir cotir courir couvrir crépir croupir Débrutir découvrir définir défleurir dégarnir dégauchir déguerpir démentir démolir démunir départir dépérir dépolir déprévenir déroidir dérougir détenir devenir divertir Éblouir élargir embellir embrunir emmaigrir emplir enchérir encourir enfouir engloutir enhardir enlaidir ennoblir enrichir ensevelir entre-tenir entr'ouïr entr'ouvrir envahir épanouir équarrir établir étrécir Faiblir farcir finir fléchir flétrir fleurir fouir fraîchir franchir frémir froidir fuir Garantir garnir gauchir gémir glapir gravir guérir » Haïr » hennir Intervenir intervertir Jaunir jouir Languir lotir Maigrir maintenir matir mentir mourir mugir munir mûrir Nantir Obéir obtenir offrir ouïr ouvrir Pâlir parcourir partir parvenir pâtir périr pétrir pervertir polir pourir préétablir préfinir prémunir prévenir provenir punir Quérir Rabétir rabonnir rabougrir radoucir raffermir rafraîchir rajeunir ralentir ramaigrir ramollir rancir ravilir ravir réagir rebâtir reblanchir rebondir réchampir reconquérir recourir recouvrir recrépir redémolir redevenir réfléchir refleurir refroidir régir réjouir relargir rembrunir remplir renchérir répartir [1] repartir requérir rétablir retenir retentir rétrécir réunir revenir reverdir revêtir revomir roidir rôtir rougir rouvrir rugir Salir sancir secourir sentir servir sévir souffrir soutenir subir subvenir subvertir surenchérir Tarir ternir terrir tiédir trahir transir Unir Venir vernir verdir vêtir vomir.

Verbes Pronominaux en IR.

S'abâtardir s'abolir s'abrutir s'abstenir s'accomplir s'accroupir s'adoucir s'agir s'agrandir s'aguerrir s'aigrir s'alanguir s'amollir s'anéantir s'aplanir s'aplatir s'appauvrir s'appiétrir s'applaudir s'arrondir s'avilir se Candir se chancir se clapir se contenir se convertir se couvrir se Découvrir se démentir se départir se dévêtir se divertir s'Ébahir s'élargir s'enfuir s'enquérir s'enrichir s'ensevelir s'entre-secourir s'entretenir s'entr'ouvrir s'épanouir s'établir s'étrécir s'évanouir se Garnir se Maintenir se mourir se Raffermir se rafraîchir se ralentir se réjouir se repentir se rétrécir se réunir se roidir se Sentir se servir se soutenir se souvenir se Tapir se tenir se ternir.

Mouillez les (ll).

Accueillir Bouillir cueillir Défaillir Ébouillir envieillir Faillir Jaillir Ragaillardir recueillir regaillardir rejaillir Saillir Vieillir. Se recueillir.

---

1 *Répartir*, répliquer; partager. *Repartir*, partir de nouveau.

Mots en IR.

Abadir affirmatif affirmative algénir avenir Circée circonférence circonflexe circonscrire [1] circonspect circonspecte circonstance circonstanciel circonstancier [2] circulaire circulant circulante circuler cirque confirmatif confirmative confirmer se confirmer cuir Élixir Émir Firmament Guirlande Infirmatif infirmative infirme infirmerie infirmier infirmière infirmité irréconciliable irréductibilité irréductible irréfléchi irréfléchie irréfragable irrégularité irrégulier irrégulière irréligion irrémédiable irréparable irrépréhensible irréprochable irrévérence irrévérent irrévérente irrévocabilité irrévocable irritabilité irritable irritant irritante irriter s'irriter Martyr martyre mirmidon myrrhe myrte Nadir Repentir Saphir sirvente soupir souvenir squirre Tyrse tir triumvir Virginal virginale virginité virgule virtualité virtuel virtuelle Virgile vizir Zéphir.

Adverbes.

Affirmativement à l'avenir Circulairement irréconciliablement irrégulièrement irrémédiablement irréparablement irrépréhensiblement irréprochablement irrévéremment irrévocablement Virtuellement.

OR.

Abord abordable abordage abornement absorbant accord accordable accordant accordante accordé accordée accort accorte aériforme amorce aorte apport apportage avortement avorton Babord bordereau

---

1 Verbe de la 4me conj.

2 *Circonstancier*, *circuler*, *confirmer*, *irriter*, verbes de la 1re conj. *Se confirmer*, *s'irriter*, verbes pronominaux.

bordage bordée bigorne bigorneau bordier bordure borgne borne butor butorderie Capricorne cloporte cohorte concordance concordant concorde confitéor conforme conformité confort consorts contorsion cor Corbeau cordage corde cordeau cordelier cordelière corderie cordial cordiale cordialité cordier cordon cordonnier corme ou sorbe cormier cormoran cornaline corne corniche cornichon cornière cornetier cornu cornue corporal corporel corporelle corps corpulence corpulent corpulente correct correcte correctif corrégidor corrélatif corrélative corridor corrigible corroboratif corroborative corroi corruptibilité corruptible corsage corsaire cortége cortine corvée Débord débordement dégorgement déport déportement déporté détors détorse difforme difformité divorce dormant dormante dormitif dormitive Écorce écorcherie écorchure écorniflerie écornure effort emporté emportée emportement emporte-pièce énorme énormité ensorcellement entorse eptacorde euphorbe exorbitant exorbitante exorde Flagornerie forban force forfaiture forfanterie forgeable forme formidable formier formulaire formule fort [1] forte fortifiant fortifiante fortraiture fortune fortuné fortunée fort-vêtu Géorgique gord gorge gorge-de-pigeon gorgone l'Hémorragie la horde l'horloge l'horloger l'horlogère l'horlogerie l'horrible l'hors-d'œuvre l'hortolage Immortalité immortel immortelle immortifié. importance important importante importunité inabordable inaccordable incorporalité incorporel incorporelle incorrect incorrecte incorrigible incorrigibilité incorruptible incorruptibilité informe infortune infortuné infortunée insupportable intorsion irréformable Lord lorgnerie Main-mortable main-morte major majordome malemort malitorne mal ordonné mal ordonnée manicordion maritorne matador médor mentor milord monocorde morbide mordache mor-

---

[1] *Fort, forte,* adj. *Fort,* subst.

d acité mordicant mordicante mordant mordante mordoré mordorée morfil morfondure morgue morne mornifle mors morsure mort morte mortalité mortel mortelle mortier mortifiant. mortifiante mortuaire morve Nord Opportunité or [1] orbe orbite ordinaire ordinal ordonnance ordre ordure ordurier ordurière orfévre orfévrerie orfroi organe organique orge orgue orme ormoi orne ornement ornière ornithologie ornithomancie orphelin orpheline orphique orpiment ort orthodoxe orthodoxie orthodromie orthogonal orthogonale orthographe orthographie orthographique orthopédie ortie ortive ortolan. orviétan Pentacorde plate-forme porc porc-épic porcelaine porcher port portable portage portatif portative porte portée portier portière portique Quatorzaine quatorzième quatorze Raccordement raifort rapport rapportable rebord réconfort recors réformable réforme réformé remords remorque renforcement renfort rengorgement retors retorse rétorsion retorte roquefort rouge-gorge _ Sabord similor sorbe sorbier sorbonique la sorbonne sorcellerie sorcier sorcière sordide sordidité sort sortable sorte sortie sortilége stribord support supportable supportant supportante Ténor téorbe tétracorde torche torchère torchon torque torrent torride tors torse tort tortu tortue torture tribord tuorbe Uniforme uniformité.

Mouillez les (ll).

Corbillard corbeille corbillon corneille cornouille Entortillement Orgueil orseille orteil Portail porte-aiguille tortillage tortillant tortillante tortillement tortillère tortillon.

---

[1] *Or*, particule ; *or*, subst.

Adverbes.

D'accord alors Conformément cordialement corporellement correctement Dehors [1] Énormement exorbitamment Forcément fortement fortuitement Horriblement Importunément insupportablement Lors [1] Mortellement Ordinairement Sordidement subordonnément supportablement Uniformément. Hors. [2]

———

Verbes de la 1re *conjugaison.*

Abhorrer aborder aborner absorber accorder amorcer apporter avorter Border bigorner borner bornoyer Colporter comporter concorder conformer conforter cordeler corder cordonner corner corporifier corriger corroborer corroyer Déborder décorder déformer dégorger déporter détorquer difformer divorcer dorloter Éborgner écorcer écorcher écorner écornifler efforcer égorger emporter encoffrer engorger ensorceler Entortiller* Flagorner forcer forger former fortifier Gorger Importer importuner incorporer informer Lorgner Morceler morguer mortifier Ordonner orner orthographier porter Raccorder rapporter reborder réconforter recorder recorriger réformer regorger remorquer remporter rencorser renforcer réordonner reporter rétorquer subordonner suborner supporter Torcher torréfier torser Tortiller* torturer transformer transporter.

S'absorber s'accorder se Comporter se Dégorger se dorloter s'Efforcer s'emporter s'entr'égorger se Former se Porter se Rengorger. [3]

———

1 *Dehors*, est aussi subst.

2 Préposition.

3 Verbes pronominaux.

Amortir Dormir endormir Enforcir enorgueillir * [1] Racornir rendormir Sortir. [2] S'endormir s'enorgueillir * se Racornir. [3]

Corrompre Démordre détordre l'orfaire Mordre morfondre Remordre retordre Tordre. [4] Se corrompre.

———

ur.

Absurde absurdité azur Burgandine burgau burgrave burral Chirurgique chirurgical chirurgicale chirurgie chirurgien concurrence concurrent concurrente cothurne cucurbite cursive Dur dure Épurge Furtif furtive futur future le Hurlement ' l'hurluberlu ˙ Imperturbabilité imperturbable impur impure incursion insurmontable Liturgie liturgique Mûr mûre mur [5] murmure Obscur obscure occurrence occurrent occurrente Purgatif purgative purgatoire pur pure purpurin purpurine Sur [6] sûr sûre sur-arbitre surcharge surdent surdité surface surhumain surhumaine surlendemain surlonge surnaturel surnaturelle surnom surnuméraire surplomb surprenant surprenante surséance sursemé surtaxe survente survie survivance survivant survivante Taciturne taciturnité thaumaturge théurgie turban turbe turbulence turbulent turbulente turc turque turlupin turlupinade turlutaine turpitude turque Urbanité urgence urgent urgente urne.

Surveillance surveillant surveillante surveille. [7]

Absurdement Concurremment Furtivement Imperturbablement Lanturlu Surnaturellement turbulemment. [1]

Verbes.

» Hurler Murmurer Purger Surcharger surjeter surmener surmonter surnager surnommer surpayer surplomber surtaxer surveiller * survider Turlupiner. [2] S'insurger se purger.

Durcir Endurcir Obscurcir Survenir. [3] S'endurcir s'Obscurcir.

Surcroître surfaire surprendre survendre. [4]

---

eur.

Aboyeur abréviateur accélérateur accélératrice accepteur 'acclamateur accompagnateur accoucheur accumulateur acheteur acquéreur acteur actrice adducteur admirateur admiratrice admoniteur adorateur adulateur adulatrice affineur afficheur agioteur agitateur agréeur agriculteur aheurtement aigreur amateur ambleur ampleur amplificateur annotateur antérieur antérieure anti-cœur appointeur appréciateur apprêteur approbateur approbatrice arçonneur ardeur argumentateur armateur arpenteur arracheur auditeur auteur avaleur avant-coureur Barboteur bardeur belle-sœur berneur beurre beurré beurrée beurrier beurrière blancheur bonheur bonneteur bornoyeur boueur boulineur bouquineur

---

boxeur brocanteur broyeur buveur Cabaleur caboteur cabrioleur calcu-
lateur calomniateur calomniatrice candeur captateur cargueur carreleur
censeur certificateur chaleur chandeleur chargeur chauffeur chercheur
chiffreur chœur [1] chroniqueur citérieur citérieure clameur coadjuteur
codétenteur cœur collaborateur collateur collecteur colleur colporteur
commandeur commentateur compartiteur compétiteur compilateur conci-
liateur conciliatrice condensateur conducteur conductrice conjectureur
conjurateur consécrateur conservateur conservatrice consolateur conso-
latrice consommateur conspirateur contemplateur contemplatrice con-
tempteur continuateur contradicteur contrefacteur contrôleur coopérateur
coopératrice copreneur corneur correcteur corroyeur corrupteur corrup-
trice couleur co-tuteur coureur couvreur co-vendeur craqueur crayon-
neur créateur créditeur crève-cœur cribleur crocheteur croqueur
cultivateur curateur cureur Daubeur débacleur débagouleur débiteur
débitrice déchargeur déchiffreur décimateur déclamateur décorateur
découvreur défaveur défenseur définiteur défricheur délateur délivreur
démonstrateur dénicheur dénominateur dénonciateur dépeceur déprédateur
détenteur détentrice détracteur devineur dictateur diffamateur dîneur
directeur directrice docteur dominateur dompteur de.... donateur dona-
trice douceur douleur Écorcheur écornifleur écumeur édificateur éditeur
élagueur électeur emballeur embaucheur emmancheur émouleur empereur
émulateur encaveur encenseur endormeur enfonceur enjoliveur épi-
logueur équateur [2] ergoteur erreur étalonneur étameur exacteur exagé-
rateur examinateur exécuteur exécutrice Fabricateur facteur fadeur
fagoteur falcificateur farceur faucheur fauteur fautrice faveur fendeur
ferreur ferveur flaireur fleur fondateur fondatrice fondeur forgeur

---

fraîcheur frayeur fréteur froideur frondeur fumeur fureur Gâcheur gaufreur générateur génératrice gladiateur goureur gouverneur grandeur graveur griveleur guerroyeur le Hâleur le harangueur le hâteur la hauteur le herseur le heurt l'honneur l'horreur l'humeur Imitateur imitatrice imprimeur improbateur improbatrice impudeur indicateur inférieur inférieure infracteur ingénieur innovateur [1] intérieur [2] intérieure interlocuteur interpolateur introducteur introductrice inventeur inventrice Jaugeur javeleur jongleur jouteur jureur Labeur laboureur laideur lamaneur langueur largeur layeur lecteur lenteur leur leurs [3] libérateur libératrice liqueur liquidateur logeur longueur lueur Machinateur maigreur majeur majeure malfaiteur malheur maraudeur marqueur médiateur médiatrice meneur meurtre meurtrier meurtrière mille-fleur mineur [4] mineure modérateur modératrice mœurs moiteur moniteur monoyeur monopoleur monseigneur monsieur [5] moteur motrice moucheur multiplicateur Narrateur navigateur négociateur niveleur nomenclateur nominateur non-valeur noteur novateur numérateur Observateur odeur offenseur opérateur orateur ordonnateur oublieur Pacificateur pâleur pareur parieur pâtureur paveur payeur pêcheur [6] pécheur peintureur penseur percepteur persécuteur persécutrice persifleur perturbateur perturbatrice peur piaffeur picoreur pileur pipeur piqueur planeur planteur pleurs [7] plongeur pointeur précepteur prêcheur prédicateur prêteur prévaricateur prieur primeur procurateur procureur procuratrice profanateur profondeur promoteur propagateur

---

[1] Prononcez *ein-no-va-teur*.

[2] *Intérieur, eure,* adj. ; *intérieur,* subst.

[3] *Leur, leurs,* pronom ; *le leur,* subst.

[4] *Mineur, eure*, adj. ; et subst.

[5] Prononcez *mon-ci-eu.*

[6] *Pêcheur,* celui qui pêche du poisson. *Pécheur,* celui qui commet des péchés.

[7] *Pleurs,* Ne s'emploie qu'au pluriel.

protecteur protectrice protuteur provéditeur puanteur pudeur Qualificateur Racleur racoleur raffineur rameur ramoneur rapineur récitateur réclamateur recruteur recteur rédacteur rédempteur réformateur réformatrice réconciliateur réconciliatrice régénérateur régleur releveur relieur remouleur rémunérateur renieur renoueur réparateur répétiteur retordeur revencheur rhéteur ribleur rigueur rimeur rôdeur rondeur rongeur rougeur rumeur Sableur sacrificateur saigneur [1] saleur sapeur sauteur sauveur saveur scieur scripteur scrutateur sculpteur sectateur secteur séducteur séductrice seigneur semeur sénateur senteur sermonneur serviteur sieur sœur solliciteur sondeur songeur sonneur sopeur soucheteur souffleteur souffre-douleur souleur soupeur souteneur spéculateur spectateur spectatrice splendeur spoliateur stucateur stupeur suceur sueur supérieur [2] supérieure supinateur Tapageur tâtonneur taxateur teneur tentateur tentatrice tergiversateur terreur tiédeur timbreur tireur tondeur tonneleur torpeur touffeur traceur traditeur traducteur traîneur traiteur triomphateur trompeteur tueur tumeur tuteur tutrice Vainqueur valeur vanneur vapeur velteur veneur ventilateur verdeur vérificateur versificateur vidangeur vigueur violateur violatrice vogueur voltigeur Zélateur zélatrice.

Mouillez les (ll).

Ailleurs [3] d'ailleurs appareilleur artilleur Bâilleur [4] bailleur barbouilleur bretailleur Carillonneur Détailleur Émailleur empailleur Ferrailleur meilleur [5] meilleure Orpailleur Pilleur rempailleur Réveilleur rimailleur rocailleur Tailleur tirailleur Veilleur.

---

1 *Saigneur*, qui saigne. *Seigneur*, titre d'honneur.

2 Adj. et subst.

3 *Ailleurs*, *d'ailleurs*, adverbes.

4 *Bâilleur*, qui bâille. *Bailleur*, terme de pratique.

5 *Meilleur*, *eure*, adj. comparatif ; il est quelquefois superlatif ; il se prend substantivement.

» Hearter Leurrer pleurnicher. [1]   S'aheurter se Heurter.

Verbes en OIR *, 3ᵐᵉ conjugaison.*

Apercevoir Choir comparoir concevoir Décevoir déchoir démouvoir devoir Échoir émouvoir entrevoir équivaloir Mouvoir Percevoir pleuvoir pouvoir prévaloir promouvoir Ravoir recevoir rechoir redevoir revaloir revoir Savoir seoir surseoir Vouloir valoir voir.

S'apercevoir s'Émouvoir s'entrevoir se prévaloir. [2]

Avoir Falloir Noircir. [3]

Mots en OIR.

Abreuvoir accordoir accotoir accoudoir affinoir amorçoir Birloir bonsoir bouchoir boudoir bouffoir bougeoir bouloir boutoir brochoir brodoir Chauffoir comptoir couloir coupoir crachoir curoir Déceintoir décintroir décognoir découpoir démêloir déplantoir déversoir dévidoir le devoir drageoir Ébarboir ébauchoir écharnoir échaudoir égrappoir égrugeoir embouchoir émouchoir encensoir ensoufroir entoir entonnoir épinçoir épluchoir étanchoir éteignoir étendoir étouffoir éventoir évidoir Fendoir fermoir fondoir Gravoir greffoir le Hachoir Juchoir Laminoir lançoir lavoir loir Manoir marquoir matoir miroir montoir mouchoir Nichoir noir [4] noire Ouvroir Parloir peignoir peloir perchoir perçoir plantoir

---

[1] Verbes de la Ire conj. *S'aheurter, se heurter,* verbes pronominaux.

[2] Verbes pronominaux.

[3] *Avoir,* verbe auxiliaire. *Falloir,* v. impersonnel. *Noircir,* v. de la 2me conj.

[4] *Noir, re,* adj.; et subst.

plioir le pouvoir promenoir Racloir réchauffoir refendoir retendoir
rifloir rouloir Sarcloir sautoir le savoir soir semoir soudoir suçoir
Taquoir terroir tiroir traçoir tranchoir.

Agenouilloir Cueilloir Égrilloir Mouilloir Tailloir. [1]

———

our.

Ajournement alentours amour amour-propre atour Autour [2] avant-
cour avant-courrière Balourd balourde bonjour bourbe bourbier
bourdalou bourde bourdelai bourdon bourdonnement bourg bourgade
bourgeon bourgogne bourguignote bourrache bourre bourreau bourrelle
bourrelier bourrée bourrellerie bourru bourrue bourse boursier
boursière bourson boursoufler boursouflure brandebourg Calembour
carrefour cavalcadour chaufour concours contour cour courbatu cour-
batue courbature courbe courbure courge courrier courrière courroir
cours course coursier coursière court courte courtage courtaud
courtaude courte-pointe courtier courtière Débarcadour débours dé-
boursement déboursé dépourvu détour Ébourgeonnement écourgeon
enfourchement entour entournure étourderie étourdi étourdie faubourg
four fourberie fourbu fourbue fourbure fourche fourchon fourchu
fourchue fourgon fourmi fournée fournier fournière fournil [3] four-
niment fourniture fourrage fourrageur fourreau fourrée fourrier

---

1 Mouillez les (ll).
2 *Autour*, oiseau de proie ; *autour*, aux environs, auprès.
3 Prononcez *fourni*.

fourrière fourrure fourvoiement Gourd gourde gourmade gourmand gourmande gours la Happelourde le hourdage Jour journal journalier journalière Labour lambourde lourd lourde lourdaud lourdaude lourderie Nourrice nourricier nourriture Ours ourse oursin oursine ourson Pour pourparler pourpier pourpoint pourpointerie pourpre pourpré pourprée pourquoi [1] poursuite poursuivant poursuivante pourtant pourvu que Raccourci rambour réajournement rebours recours rembourrement remboursement retour retourne Secours séjour source sourcil [2] sourd sourde sourdaud sourdaude sourdine Tambour tire-bourre topinambour tour tours tourbière tourmentant tourmentante tourmente tournesol tourneur tournoi tournoiement tournure tourte tourterelle tourtière tourtre troubadour Vautour velours.

Bourbillon bourdillon court-bouillon courte-paille Fourmillère fourmillement Tourbillon. [3]

A l'entour autour à Califourchon Étourdiment Journellement Lourdement Sourdement Toujours. [4]

———

Verbes de la Ire conjugaison.

Afourcher ajourner atourner Bourder bourdonner bourgeonner bourreler bourrer Courber courroucer Débourber débourrer débourser défourner détourner Ébourgeonner ébourrer écourter embourber enfourcher enfourner Fourber fourcher fourgonner fourrager fourrer fourvoyer

---

1 *Pourquoi, pourtant, pourvu que,* Conjonctions.
2 Prononcez *sour-ci,*
3 Mouillez les (*ll*).
4 Adverbes,

Gourmander gourmer » Hourder Ourler Réajourner rebourgeonner recourber rembourrer rembourser retourner Séjourner Tourmenter tourner tournoyer.

Boursiller Fourmiller Sourciller Tournailler. [1]

Se courroucer se Débourrer se détourner se Fourrer se Tourner. [2]

Abalourdir accourcir alourdir Dégourdir Engourdir étourdir Fourbir fournir Nourrir Ourdir Raccourcir. [3] S'accourcir s'alourdir s'Engourdir s'étourdir se Nourrir. [4]

Dépourvoir Pourvoir. [5] Se pourvoir. Pourfendre.

Trente-neuvième Exercice.

As es is ys os us.

Amas ambassade ambassadeur ambassadrice Ananas as (6) ascendant ascendante ascendant ascension ascensionnel ascensionnelle ascète ascétique asciens (7) asclépiade aspalathe aspect asperge aspérité aspersion aspersoir asphalte asphixie asphixié asphixiée aspic aspirant (8) aspirante assainir assaki assassin assemblage assemblée assentiment-

---

1 Mouillez les (*ll*).
2 Verbes pronominaux.
3 Verbes de la 2me conj.
4 Verbes pronominaux.
5 Verbes de la 3me conj. *Se pourvoir*, v. pronominal. *Pourfendre*, v. de la 4me conj.
(6) Prononcez *asce* ; point seul , marqué sur une carte.
(7) Prononcez *as-ci-èns*.
(8) *Aspirant , ante ,* adj. et subst.

assidu assidue assiduité assiégeant assiégeante assignable associé associée assolement assommeur assommoir assonance assortiment assurance assureur asthmatique asthme astic astral astrale astre astringent astringente astrolabe astrologie astrologique astrologue astronome astronomie astronomique astuce Bas (1) basse bascule bas-fonds basque bas-relief basse-cour bassin bassine bassinoire basson bastide bastion bastionné bastionnée bastonnade bastringue blasphémateur blasphématoire blascourjassote bourras bourrasque brasse brassée brasserie brassicourt Cabas phème cadastre cadenas calebasse carcasse cardasse cascade cas casque assant cassante casse casse-cou casserole casse-tête casseur cassidoine cassie cassier cassine cassonnade cassure caste Castelnaudary castor castoréum cataplasme catastrophe chas chasse (2) châsse chasselas chassie chaste chasteté classe classement classique coassement cocasse cognasse cognassier compas compassage compassement compassion contraste coutelas crasse cuirasse cuirassé cuirassée cuirassier culasse Damas damasquinerie damasquineur damassure délassement dévastateur dévastatrice diapasme diascordium dynastie Échalas échalassement échasse élasticité élastique embarras embarrassant embarrassante embrassade embrassement empasme enchâssure entassement Fantasmagorie ou phantasmagorie fantasque fantassin fantastique fascicule fascinage fashionable faste fatras filasse finasserie fracas frasque fricassée fricasseur frimas Galetas galimatias gascon gasconne gasconnade gastadour gastronomie glas gouache ou gouasse gras (3) grasse grasseyement gymnaste gymnastique le Haras hélas (4) l'hommasse l'hypocras Iconoclaste impassibilité impassible Incas irascible Jasmin jaspe jaspure Kirsch-wasser Lampas (5) lampassé las lasse lassant lassante lassitude lavasse liasse lilas limas limace Marasme marasquin marcassin marcassite mascarade masculin masculine masculinité masque massacre massacreur masse massepain massier massif massive massue massorah ou massore mastic masticatoire mastigadour matelas matelassier matras mélasse métaplasme milliasse molasse monastère monastique Nasse néfaste OEnas (6) paperasse paperassier paraphraste parastremma (7) pascal

---

(1) *Bas, basse,* adj, et subst.
(2) *Chasse,* action de chasser. *Châsse,* coffre où l'on garde les reliques.
(3) *Gras, asse,* adj, et subst,
(4) Interjection.
(5) Prononcez *lam-pa-ce.*
(6) Prononcez *é-nace,*
(7) Prononcez *pa-ras-trè-ma.*

pascale pasquin pasquinade passable passade passage passager (1) passagère passant passante passavant passe passée passement passementerie passementier passe-passe passe-poil passe-port passe-temps passe-velours passe-volant passeur passibilité passible passif passive passion passoire pastel pastenade pastèque pasteur pastiche pastoral pastorale pastoureau pastourelle patarasse piastre pilastre plastron pléonasme plumassier potasse Ramas ramasse rassemblement repas repassage Sarcasme sas (2) sasse sassenage sassoire scolastique scoliaste spasme spasmodique spasmologie stras strasse Taffetas tas tasse tassée terrasse terrassier tignasse tirasse toast tracas tracasserie tracassier tracassière trépas trépassement Vassal vassale vasselage vaste verglas Xiphias.

Assaillant Basse-taille Castille Gaspillage Paillasse paillasson passacaille pastille. (3)

Assidûment assurément en-bas là-bas bras-à-bras Chastement Fantasquement Grassement Pas-à-pas passablement passagèrement passionnément pastoralement. (4)

———

Verbes de la 1re conjugaison.

Amasser asperger aspirer assassiner assembler asséner assermenter assiéger assigner assimiler associer assoler assommer assurer asticoter avocasser Bassiner blasphémer brasser Cadenasser casser chasser classer coasser compasser concasser contraster cuirasser Damasquiner damasser délacer (5) délasser démasquer démastiquer dépasser dévaster Échalasser embarrasser embrasser empasteler enchâsser encrasser entasser exaspérer Fasciner finasser fracasser fricasser Gasconner gaspiller * grasseyer » Harasser Jasper Lasser Masquer massacrer masser mastiquer matelasser Outre-passer Passager passementer passer passionner pourchasser Ramasser rapetasser rassembler rasséréner rassiéger rassurer réassigner rechasser repasser rêvasser Sasser strapasser strapassonner surpasser Tasser terrasser tirasser tracasser trépasser,

———

(1) *Passager, ère, Passant, passante,* adj. et subst.
(2) Prononcez *sasce.*
(3) Mouillez les (*ll*).
(4) Adverbes.
(5) *Délacer,* défaire le lacet. *Délasser,* ôter la lassitude,

S'amasser s'assembler s'associer s'assurer s'Embarrasser s'encrasser se Passer se passionner se plastronner se Rassembler se rasséréner se rassurer. (1)

———

Assaillir * assainir assentir asservir assortir assoupir assouplir assourdir assouvir. (2) S'asservir s'assoupir.

Asseoir Rasseoir. (3)

———

es.

Adolescence adolescent adolescente agreste antécesseur antesciens (4) antestature arabesque archipresbytéral assesseur assiégés Barbaresque bestial bestiale bestiasse bestiole burlesque Cabestant caressant caressante cavesson ou caveçon céleste chevaleresque clandestin clandestine clandestinité compressibilité compressible condescendance condescendant condescendante conjurés contestable contestant contestante convalescence convalescent convalescente correspondance correspondant correspondante cresson cressonnière Déesse dégénérescence dépression descendance descente descriptif descriptive déshabité déshabitée déshonnête déshonnèteté déshonneur déshonorable déshonorer despote despotique desséchant desséchante desséchement dessein (5) dessert desserte desservant dessicatif dessicative dessin dessinateur dessoler dessouder dessous (6) dessuintage destin destinée destituable destrier destructeur destructibilité destructif destructive détestable digesteur digestif digestive digestion domesticité domestique (7) Effervescence enchanteur enchanteresse escabeau escabelle

———

(1) Verbes pronominaux.
(2) Verbes de la 2me conj. *S'asservir, s'assoupir*, verbes pronominaux.
(3) Verbes de la 3me conj.
(4) Prononcez *an-tes-ci-ens*.
(5) *Dessein*, projet. *Dessin*, représentation faite au crayon ou à la plume d'un paysage, d'une figure, etc.
(6) *Dessous, dessus*, adv. et subst. Prononcez *de-sou, de-su*.
(7) Adj. et subst.

escadre escadron escalade escalier escamoteur escapade escarmouche escarpin escarpine escarre escient esclandre esclavage esclave escogriphe escobarderie escompte escorte escouade escourgée escourgeon escrime escrimeur escroc escroquerie espace espadon espalier espèce espérance espiègle espièglerie espingole espion espionnage esplanade espoir esquif esquinancie essai essaim essence esseulé esseulée essieu essor essui essuie-main estacade estafilade estampe estère esterlin estimable estimateur estimatif estime estoc estocade estomac (1) estompe estrade estragon estrapontin esturgeon Festin feston forestier fresque funeste Gesse geste gesticulateur gestion gigantesque grotesque Immarcescible immodeste immodestie imprescriptibilité imprescriptible inceste incontestable incontesté incontestée indestructibilité indestructible inespéré inespérée inestimable inflorescence intestin (2) intestine investigateur investiture Lessive lestage leste lesteur Maestral ou mystral majesté malepeste manifeste ménestrel messier modeste modestie morbidesse moresque Nestor noblesse Orchestre (3) Palestine pédantesque pédestre permesse peste pestifère pestiféré pestiférée pestilence piédestal presbytère prescience prescriptible prestance prestige Responsabilité responsable ressaigner restant restante Suppression Télescope Vestibule vestige.

Bestialement burlesquement Clandestinement Déshonnétement despotiquement à dessein dessous détestablement domestiquement Immodestement incontestablement lestement Manifestement modestement Pédantesquement. (4)

Verbes de la Ire conjugaison.

Contester Dépresser déshabituer déshériter déshonorer despumer dessaigner dessaler dessangler dessécher desserrer dessiner dessoler dessouder destiner destituer détester Empester escadronner escalader escamoter escarper escompter escorter escrimer escroquer espacer espadronner espérer espionner esquiver essaimer essanger essarter essayer essorer essoucher essoufler essuyer estafilader estamper estimer estocader estomper estrapasser estropier Festonner festoyer Gesticuler Infester Lessiver lester Manifester Pester prédestiner Ressaigner ressusciter ressuyer rester.

---

(1) Prononcez *es-to-ma*.
(2) *Intestin, tine*, adj ; *intestin*, subst.
(3) Prononcez *or-kes-tre*.
(4) Adverbes.

Déshabiller dessiller Essoriller estampiller. (1)

Se correspondre se Déshabiller * se déshabituer destiner s'escrimer s'esquiver s'essuyer s'essorer s'estomaquer. (2) Dessertir Investir Tressaillir. * (3)

Condescendre correspondre Descendre. (4) Se correspondre.

Prononcez ès, dans les mots suivants.

Abesse abcès accès accessible accession accessoire acquiescement adresse agrès agresseur agression aînesse allégresse altesse ânesse après après-dinée après-midi après-soupée archiduchesse Bassesse blessure borgnesse Caresse cessant cessante cession chanoinesse chasseresse compresse compresseur compression comtesse concession concessionnaire confesse confession confessionnal congrès cyprès Décès délicatesse des (5) dès (6) dès que détresse devineresse diablesse digression drôlesse duchesse Empressé empressée empressement équestre esse Faiblesse fesse finesse forteresse fressure Gentillesse * grandesse grès grossesse Hardiesse hautesse hôte hôtesse Impolitesse impression inaccessible incessible incompressible indigeste indigestion intercession intéressant intéressante intéressé intéressée ivresse ivrognesse Jeunesse Largesse larronnesse le la les (7) Maitresse maladresse mesquin mesquine mesquinerie message messager messagère messagerie messe messie messire moinesse mollesse mon ma mes (8) Nécessaire nécessitante nécessité Obcession oppresseur Paresse pécheur pécheresse petitesse poétesse politesse possesseur possessif possession prédécès prédécesseur près presqu'île pressant pressante presse pressentiment pressier pression pressoir pressurage pressureux prestesse prêtresse prince princesse procès processif processive procession profès professe professeur profession progrès progressif progressive progression promesse prophétesse protestant protestante prouesse Question quintescence Redressement

---

(1) Mouillez les (*ll*).
(2) Verbes pronominaux.
(3) Verbes de la 2me conj.
(4) Verbes de la 4me conj. *Se correspondre*, verbe pronominal.
(5) *Des*, particule employée pour *de les*.
(6) *Dès, après, près*, prépositions. *Dès que*, conjonction.
(7) *Le*, article ; il fait au féminin *la*, et au pluriel *les*. *Le, la, les*, pronoms adjectifs et relatifs.
(8) *Mon, ma, mes*, adjectifs possessifs.

redresseur répressif répressive respect respectable respectif respective restaurant restaurante restaurateur reste restituable restituteur rétrocession revestiaire richesse romanesque rudesse Sagesse scélératesse sècheresse semestre séquestre session simplesse son sa ses (1) souplesse succès successeur successif successive succession suggestion Sylvestre Tendresse terrestre terrestréités testament testamentaire testateur testatrice tigre tigresse ton ta tes transgresser transgresseur transgression très.

Adverbes.

Accessoirement à peu près après auprès sans-cesse Dès-lors Incessamment inespérément Nécessairement Presque pressamment preste prestement presto processionnellement progressivement Respectivement romanesquement Successivement.

Verbes de la 1re conjugaison.

Acquiescer adresser Blesser caresser cesser confesser Desceller desseler Intéresser Molester Nécessiter Opresser Paresser presser pressurer professer protester Redresser respecter respirer ressemeler restaurer rester restituer Tester transgresser tresser. Se blesser s'Intéresser se Respecter, (2) Restreindre.

Agnès alkermès aloès Antarès aspergès Bootès Cérès Cortès (3) Est Nord-ouest. (4)

Accessoires (5) alpes arrhes Badines balayures baquetures branchies braques celles-ci celles-là complies curures décombres délices Écrouelles entraves entrefaites épaves éparses éphores Filandres Guelfes Hardes hyades Ides Lares latrines limbes limites litanies lupercales Machabées malandres moraines moltivalves Nones OEuvres-mortes œuvres-vives oolites opes opimes orgies ouïes Paralipomènes peignures pléiades prémices Sévices stries Troglodytes.

Accordailles Béatilles brouilles Effondrilles entrailles Fiançailles Peilles Relevailles. (6)

___

(1) *Son, sa, ses; ton, ta, tes,* pronoms possessifs.
(2) Verbes pronominaux. *Restreindre,* verbe de la 4me conj.
(3) Prononcez *ès.*
(4) Prononcez *èste.*
(5) Ces noms ne s'emploient qu'au pluriel ; *règle générale* : tous les noms et adjectifs terminés au singulier par un *e* muet, prennent un *s* au pluriel ; *exemples* : *l'homme,* les *hommes ;* la *femme,* les *femmes ;* la *rue,* les *rues ;* le *livre,* les *livres.*
(6) Mouillez les (*ll*).

is.

Abàtardissement abatis aboutissant aboutissante aboutissans académiste accourcissement accroupissement administrateur administratrice administratif administrative admissible admission adoucissant adoucissante adoucissement adoucisseur affermissement affaiblissement affranchissement agissant agissante agrandissement algébriste allégoriste alpiste amaigrissement ameublissement amissible amnistie amortissable amortissement amphisciens (1) anabaptistes anagrammatiste analiste anévrisme anoblissement antechrist (2) apanagiste apédeutisme apetissement aphorisme aphoristique aplanissement aplatissement apologiste appétissant appétissante applaudissement apprentissage arbrisseau archiépiscopal (3) archiépiscopale archiviste aristarque aristocrate aristocratique. aristodémocratique Aristote armistice armoriste arrondissement artiste assistance assistant assistante assoupissant assoupissante assoupissement assouvissement astérisme astérisque athéisme aubergiste avertissement avilissement avis Bannissable bannissement baptismal baptismale baptistère barbarisme bàtisse bâtisseur batiste biscornu biscotin bisque bissac bistouri blanchissage blanchissant blanchissante blanchisserie blondissant blondissante bondissant bondissante bondissement bouquiniste boutisse brouissure bruissement brunissage buisson Cabaliste cagotisme cambiste camériste canoniste capitaliste caractérisme caractéristique caristade cataclysme catéchisme catéchiste catholicisme cliquetis christianisme chronologiste civisme clystère coexistence coloriste commissaire commission commissionnaire commissoire commissure compatissant compatissante computiste concupiscence condisciple confiscable confisquant consistance consistant consistante consistoire convertissement convertisseur copiste cotissure couchis coulisse cristallin cuisse cuisson cuistre Dégauchissement dépérissement discernement disciple discipline disconvenance discord discordance discordant discordante discorde discours discrédité discréditée disgrâce disparate disparité dispensateur dispensatrice dispersion disponible disputable dispute disputeur disque dissemblable dissemblance dissentiment disséqueur dissertateur dissimulateur dissipateur dissipatrice dissolu dissolue dissolvant dissolvante dissoluble

(1) Prononcez *an-fi-ciën*.
(2) Prononcez *an-te-kri*.
(3) Prononcez *ar-kié-pis-copal*, *ale*.

dissonnance dissonnant dissonante dissyllabe distance distant distante distension distinct distincte distinctif distinctive distique distorsion distributeur distributif distributive district divertissant divertissante divertissement droguiste duelliste durcissement dyssenterie Ébahissement ébéniste éblouissant éblouissante éblouissement écrevisse élargissement élargissure émissaire émission empuantissement enchérissement enchérisseur endurcissement engagiste engourdissement enlaidissement enregistrement enrichissement ensevelissement épanouissement épiscopal épiscopale épistolaire équarrissage équarrissement esquisse établissement étourdissement étrécissement évangéliste évanouissement existant existante existence Fabuliste fanatisme fataliste fédéralisme fédéraliste fistule fléchissement flétrissure fleurissant fleurissante fleuriste fourbisseur fourbissure fournissement fournisseur frémissement frisson frissonnement frontispice Gâchis gagiste gallicisme gauchissement gémissant gémissante gémissement généralissime grandissime guérissable glacis l'Habilissime l'hémisphère l'hémistiche le hennissement l'hérisson l'héroïsme l'histoire l'historien (1) l'historiographe l'historique l'histrion hormis (2) l'huisserie l'huissier Idéalisme indiscernable indisciplinable indiscipliné indisciplinée indispensable indisponible indisputable indissolubilité indissoluble indistinct indistincte irrémissible islamisme israélite Janissaire jansénisme janséniste jouissance jouissant jouissante journaliste judaïsme jurisconsulte jurisprudence juriste Laconisme languissant languissante latinisme latiniste lavis législateur législatif législative législature légiste levis lisse liste lotissage lotissement Machiniste magister mahométisme matérialisme matérialiste mégisserie mégissier méphitisme méthodiste ministère ministériel ministérielle ministre missibilité missel mission missionnaire missive molinisme moraliste mugissant mugissante mugissement mythologiste Nantissement narcisse naturalisme naturaliste néographisme néologisme népotisme nobilissime noircissure nourrissage nourrissant nourrissante nourrisson nouvelliste novissimé numismatique numismatographie Obéissance obéissant obéissante obélisque obscurcissement oculiste odalisque omission omniscience optimisme optimiste organiste ornithologiste ourdissoir ourdissure Paganisme palissade palissage palmiste panaris panégyriste papisme papiste parachronisme paradis parallélisme parodiste parvis pâtisserie pâtissier paupérisme pâtissoire patriotisme pays pelisse

---

(1) Prononcez *lis-to-riên*.
(2) Préposition.

pépiniériste périsciens (1) périssable péristyle permission pervertisseur pilotis pis (2) piscine pistache pistachier piste pistil piston planisphère platonisme plissement plissure plissoir polisson polissonnerie polissure polythéisme polithéiste poncis préexistence préexistant préexistante prisme prismatique Quiétisme quiétiste Rabbinisme rabbiniste raccourcissement rachitisme racornissement radis radoucissement rafraîchissant rafraîchissante rafraîchissement rajeunissement ralentissement ramassis rancissure rarissime ratissoire ratissure ravissant ravissante ravisseur réadmission rebondissement récépissé réfléchissement refroidissement régaliste régisseur registre ou regitre réglisse réjouissance réjouissant réjouissante réminiscence rémissible rémission rémissionnaire remplissage renchérissement républicanisme resplendissant resplendissante resplendissement rétablissement retentissant retentissante retentissement rétrécissement révérendissime rhumatisme richissime rigorisme rigoriste risquable risque rissole rôtisserie rougissure royalisme royaliste rubis rugissant rugissante rugissement ruisselant ruisselante Sabéisme sacristain sacristie sacristine salissant salissante salisson salissure salmis salsifis satisfactoire saucisse saucisson scepticisme schismatique schisme schiste scission séminariste sérénissime sinapisme sinistre sistre solécisme somnambulisme sophisme sophiste sophistique soumission soumissionnaire souris (3) sphéristique statistique stoïcisme stoïsme subsistance suisse surplis syllogisme syllogiste systématique systéme Talisman talismanique tamis tapissier tapissière tarentisme tarissable tarissement ternissure terrorisme terroriste théisme théiste tisserand tisseranderie tissu tissure tissutier tolérantisme torticolis toute-puissance transissement transmission trapiste trissyllabe triste tristesse Ubiquiste unisson Vagissement vandalisme vernis vernisseur vernissure viscéral viscérale viscère vocabuliste vomissement wiski Zéronisme zopissa. Bisbille (4) briscambille Gargouillis guillochis Jaillissant jaillissante jaillissement Margouillis médailliste Patrouillis Rejaillissement Taillis treillis Vieillissement.

Adverbes.

Aristocratiquement artistement Bis (5) Distinctement distributivement Historiquement Indiscrètement indispensablement indissolublement indistinctement irrémissiblement

---

(1) Prononcez *pé-ricièn*.
(2) Comparatif.
(3) *Souris*, petit animal; *Souris*, ou *sourire*.
(4) Mouillez les (*ll*).
(5) Prononcez *Bice*.

Languissamment Magistralement ministériellement mystiquement Puissamment Sinistrement systématiquement tant-pis tristement. Tandis que (1)

Verbes de la Ire conjugaison.

Administrer assister Coexister confisquer consister contrister crisper crisser Dépister déplisser discerner discipliner discontinuer discorder disculper discuter disgracier disloquer dispenser disperser disputailler * disputer disséminer disséquer disserter .dissimuler dissiper dissuader distiller distinguer distribuer Enregistrer (2) esquisser exister Frissonner Hérisser historier Insister isser Lisser Mystifier Palissader palisser pâtisser plisser polissonner préexister Rapetisser ratisser registrer risquer rissoler ruisseler Sophistiquer soumissionner subsister Tisser treillisser * Vernisser visser.

Satisfaire se satisfaire. (3)

———

OS.

Accostable acrostiche acrostique ados aérostatique agonostique apostille * apostolique apostrophe apostume ou apostème aréostatique aérostyle avant-propos Bosphore bosse bosselage bosseman bossu bossue brosse brossier Carrosse carrossier chaos (4) clos colossal colossale colosse composteur cosmétique cosmographe cosmographie cosmo- graphique cosmologie cosmologique cosmopolite cosse cosson cossu cossue costal costale costume crosse crossé crossée crosseur Dépossession (5) dispos dos dos-d'âne dosse dossier Enclos endossement endosseur Fosse fossé fossile fossoyage fossoyeur Glossaire glossateur gnostique gros grosse grosserie grossesse grosseur grossier grossière grossièreté Hélioscope héros hétérosciens (6) hippoglosse hydroscope hydroscopie hydrostatique horoscope hospice hospitalier hospitalière hospitalité Kaléidoscope kiosque Microcosme microscope microscopique moscouade mosquée os ossemens oscillatoire

---

(1) Conjonction.
(2) Prononcez *en-re-gi-tré , re-gi-tré.*
(3) Verbes de la 4me conj.
(4) Prononcez *ka-o.*
(5) Prononcez *dé-po-cè-cion , gro-cè-cé.*
(6) Prononcez *é-té-ro-cièn,*

●stensible ostensoir ostéologie ostracisme Phosphate phosphore phosphorique possesseur (1) possessif possession possibilité possible post-communion poste postérieur postérieure postériorité postérité posthume postiche postillon * post-scriptum postulant postulante posture pronostic pronostiqueur propos prosternement prospère prospérité Repos riposte rosse rossignol rossinante rossolis rostral Surdos suros Toscan toscane tost ou toast.

Apostoliquement Grossièrement Ostensiblement Postérieurement. (2)

Verbes de la 1re *conjugaison.*

Accoster adosser aposter apostiller * apostropher apostumer Bosseler bossuer brosser Cosser costumer crosser Déposséder déposter Écosser endosser Fossoyer Grossoyer Osciller ossifier Posséder poster postuler pronostiquer prostituer Riposter rosser rossignoler Toster. Se posséder se prosterner. (3) Dégrossir Grossir. (4) Proscrire.

US.

Abus aduste ajustage ajustement ajusteur ajustoir arbuste aruspice Auguste augustin Balustrade balustre brusc (5) brusquerie busc busquière buste bustrophe Chou-cabus concussion concussionnaire crépuscule crustacé crustacée custode le Dessus discussion Écusson écussonnoir embuscade Frustatoire fédéjusseur fédéjussion flibustier Illustre illustrissime incombustible incombustibilité industrie industriel industrielle injuste injustice Jus jusque (7) juste justesse justice justiciable justifiant justifiante justificatif justificative Lustral lustrale lustre lustrine Majuscule minuscule mollusques musc muscade muscadelle muscadier muscadin muscle musclé musclée Non-plus-ultra ou nec-plus-ultra Opuscule pus pustule Rustaud rustaude rusticité rustique rustre

---

(1) Prononcez *po-cè-ceur*.
(2) Adverbes.
(3) Verbes pronominaux.
(4) Verbes de la 2me conj. ; *proscrire*, v. de la 4me.
(5) Prononcez *brusk, busk, musk*.
(7) Conjonction.

Susceptibilité susceptible suspens suspense suspensif suspensive suspension suspensoir suspicion Ustensile Verjus vétusté.

Audessus Dessus Injustement Justement Par-dessus plus Rustiquement, (1)

Ajuster Balustrer brusquer busquer Débusquer déguster Écussonner Frustrer fustiger Illustrer incruster Justifier Lustrer Musquer Offusquer Ressusciter rustiquer Susciter suspecter sustenter. (2) S'ajuster s'Embusquer. Suspendre.

Prononcez uce, *dans les mots suivants.*

Acarus agnus (3) angelus anus argus Bacchus bibus blocus Calus chorus Mordicus motus Innaturalibus Nodus Obus Papyrus Phébus Plutus Quitus Sus Talus thrombus Vénus.

---

ais.

Abaisse abaissement ablais affaissement ais (4) aisselier aisselière aisselle aissieu Baisse baissière biais Caisse caissier caisson connaissable connaissance connaissement Dadais dégraissage dégraisseur délaissement Encaissement engrais Frais fraîche Français épais épaisse épaisseur épaississement Graisse graissage Jais le Harnais Laisse laquais Marais méconnaissance méconnaissable méconnaissant méconnaissante Naissance naissant naissante Ouais Palais paisson panais Rabais rabaissement reconnaissable reconnaissance reconnaissant reconnaissante relais renaissance renaissant renaissante Ségrais surbaissé surbaissée surbaissement Tirelaisse Vaisselle.

Abaisser affaisser Baisser Décaisser dégraisser délaisser Encaisser Graisser Laisser Rabaisser rencaisser rengraisser. (5) S'abaisser s'affaisser se Baisser. (6) Jamais. Mais.

---

(1) Adverbes.   *Audessus, par-dessus,* prép.   prononcez *de-su.*
(2) Verbes de la Ire conj.   *S'ajuster, s'embusquer,* v. pron.   *Suspendre,* v. de la 4me conj.
(3) Prononcez   *ag-nu-ce, ba-ku-ce, ko-ru-ce.*
(4) Prononcez *è-ce.*
(5) Verbes de la Ire conj.
(6) Verbes pronominaux.   *Jamais,* adv.   *Mais,* conjonction.

aus.

Auspice auspicine austère austérité austral australe Causticité caustique chaussage chaussant chaussante chausse chausses chaussée chausse-pied chaussetier chausse-trape chausson chaussure Déchaussement déchaussure Encaustique Faussaire fausseté faussure Gausserie la Hausse le hausse-col le haussement l'holocauste Maréchaussée maussade maussaderie Peausserie peaussier Rehaussement Surhaussement.

Aussi austèrement Faussement Maussadement. (1)

Chausser Déchausser défausser Enchausser Fausser » Hausser Rehausser rechausser Surhausser, (2) Se Chausser se hausser.

ous.

Acoustique Boussole broussailles* Catacoustique coussin crapoussin le Dessous détrousseur diacoustique Éclaboussure escousse Gargousse gloussement gousse le Houssage la houssaie le houssard la housse la houssine le houssoir Microcoustique mousquetade mousquetaire mousqueterie mousqueton mousse mousseline mousseron moussons moussu moussue moustache moustique Nous (3) Pousse poussée poussier poussière poussif poussive poussin poussoir Recousse repoussant repoussante repoussement repoussoir retroussement retroussis roussâtre rousseur roussi roussin Secousse souscripteur Toussaint trémoussement trémoussoir trousse trousse-galant ou choléra-morbus troussis Virevouste vous voussure.

Détrousser Éclabousser émousser épousseter Glousser » Houspiller »housser » houssiner Mousser Pousser Rebrousser repousser retrousser Soussigner Tousser trousser, (4) Se trémousser. (5) Roussir. Souscrire soustraire. Dessous.

---

(1) Adverbes.
(2) Verbes de la Ire conj. *Se chausser, se Hausser*, v. pron.
(3) *Nous, vous,* pronoms personnels.
(4) Verbes de la Ire conj,
(5) *Se trémousser,* v. pron, *Roussir,* v. de la 2me conj. *Souscrire, soustraire,* v. de la 4me; *Dessous,* adverbe; prononcez *de-sou.*

OIS.

Abois accroissement albigeois anchois angoisses Bois Carquois cauchois chamois croissance croissant Danois Empois Fois Grégeois grivois guingois Minois mois moisson moissonner (1) Pantois paroisse paroissial paroissiale paroissien (2) paroissienne patois pavois pois (3) poissard poissarde poisson poissonnerie poissonnière Surcroissance Tournois trois.

Autrefois Parfois Quelquefois en Tapinois toutefois. (4)

S, entre deux voyelles.

Abstrus abstruse abuseur abusif abusive accapareur accapareuse accoucheuse accusable accusateur accusatrice accusatif adhésion affronteur affronteuse agonisant agonisante aiguisement (5) aisance aisances aise aisé aisée allusion alose ambroisie amoises amusable amusant amusante amusement amuseur analyse anamorphose anfractuosité animosité antichrèse antipéristase antiphrase antithèse antonomase aphérèse aposiopèse apostasie apothéose appesantissement apprivoisement approvisionnement arasement arbouse arbousier ardoise ardoisé ardoisée ardoisière argousin armoise arquebusade arquebuse arquebusier arracheur arracheuse arrosage arrosement arrosoir artisan artison artisonné artisonnée asarine asiatique asile asine assaisonnement assise assises avalaison Baigneur baigneuse baiseur baiseuse balayeur balayeuse balise balourdise baragouineur baragouineuse barguigneur barguigneuse basané basanée base basilic basilique basin bateleur bateleuse bavaroise besace besacier besi besicles besogne bêtise bienfaisance bienfaisant bienfaisante bisaïeul bisaïeule bise biseigle blason blésité blouse bis bise bisage boudeur boudeuse bourgeois bourgeoise bourgeoisie bouse ou bouze braise braisier braisière brasier brésil brisées brisement briseur brocardeur bro-

------

(1) Verbe de la Ire conj.
(2) Prononcez *pa-roi-cièn, ène.*
(3) Légume.
(4) Adverbes,
(5) Prononcez *é-gu-i-ze-man,*

cardeuse brocheur brocheuse brodeur brodeuse Cagnardise caimandeur caimandeuse cajoleur cajoleuse callosité camisade camisole caqueteur caqueteuse casanier casanière . casaque casaquin case casemate caserne cardeur cardeuse carrousel casualité casuel casuelle le casuel casuiste catachrèse cause causerie causeur causeuse cavernosité cérisaie cerise cerisier céruse chaise chalandise chamoiserie chamoiseur chasseur chas- seuse chasuble chasublier chemise chanteur chanteuse chicaneur chicaneuse chinois chinoise chose chrysopée chrysalide chrysocole chuchoteur chuchoteuse circoncision circonvoisin circonvoisine ciseau citise ciseleur ciselure clause cloison cloisonnage coaccusé cohésion coiffeur coiffeuse clabaudeur clabaudeuse combinaison commémoraison comparaison complaisance complaisant complaisante complimenteur complimenteuse composé composée un composé composite compositeur concis concise concision con- clusive conclusion conclusions confiseur connaisseur connaisseuse conteur conteuse contredisant contredisante contrefaiseur contusion convoitise cornemuse corrosif corrosive corrosion cosaques coucheur coucheuse couperose couperosé couperosée coupeur coupeuse courtois courtoise courtoisie couseuse cousin cousine cousinage cousinière couvaison couveuse cracheur cracheuse cramoisi cramoisie le cramoisi creusement crise cristalliser croisade croisée croisement croisés croiseur croisière croisure cuisant cuisante cuisine cuisinier cuisinière curiosité Danseur danseuse débaucheur débaucheuse débiteur débiteuse décisif décision décisoire déclinaison découpeur découpeuse décousure décrusement déguisement demandeur demandeuse demesuré demesurée demoiselle déplaisance déplaisant déplaisante déplaisir déposant déposante dépositaire déraison déraisonnable dérision dérisoire désabusement désagréable désagrément désapprobateur désapprobatrice désarmement désarroi désastre désavantage désaveu désemballage désembarquement désembarrassé désembarrassée désenchantement désenflure désensorcelle- ment désert déserte un désert déserteur désespérant désespérante désespoir désignatif désignative désintéressement (1) désir désirable désistement désobéissance désobéissant désobéissante désobligeant désobligeante désœuvré désœuvrée désœuvrement désolant désolante désolateur désordonné désordonnée désordre désorganisateur désossement dessaisissement désunion dévideur dévideuse devise diapason dièse diésé diffus diffuse diffusion diocèse diocésain diocésaine discoureur discoureuse disert diserte diseur diseuse dissuasion diviseur divisibilité divisible division donneur donneuse doreur doreuse

---

dormeur dormeuse dose dusil ou dusi Ecclésiaste ecclésiastique écluse éclusier écornifleur écornifleuse écureur écureuse effusion église élision Elisée embrasement embrasure
empesage empeseur empeseuse emphase empoisonnement empoisonneur empoisonneuse
emprisonnement emprunteur emprunteuse enjoleur enjoleuse enlumineur enlumineuse
enthousiasme enthousiaste entreposeur entrepreneur entrepreneuse entreprise épisode
épitase éplucheur éplucheuse épousée épuisable épuisement érésipèle ou érysipèle
étésies ou vents étésiens étisie évasement évasif évasive évasion exégèse Fadaise
fainéantise faisable faisan faisances faiseur faiseuse falaise fanaise faneur faneuse
fantaisie fauchaison filoselle flagorneur flagorneuse fleuraison foison fraise
framboise framboisier franchise fraudeur fraudeuse frénésie friandise
frisure fuseau fusée fusibilité fusible fusil (1) fusilier fusion Gageur gageuse
gardeur gardeuse garnisaire garnison Gaulois Gauloise générosité gésier glaise
glaisière gloseur gloseuse gosier gourmandise gris grise grisâtre grison grisonne
grivois grivoise grogneur grogneuse grondeur grondeuse gueuse gueuserie guise
gymnase Herboriseur hérésie hydropisie hypocrisie hypothèse hysope Illusion illusoire
impétuosité imposable imposant imposante improvisateur improvisatrice incisif incisive
incision incivilisé incivilisée inclinaison inclus incluse incuriosité indécis indécise
indécision indivisibilité indivisible inépuisable infaisable infus infuse infusible
infusion inlisible inoficiosité inquisiteur insaisissable insuffisance insuffisant insuffisante
intraduisible intrus intruse intrusion inusité inusitée invasion invisibilité invisible
irraisonnable irrécusable irrésolu irrésolue Isabelle Jalousie jaserie jaseur jaseuse
Joseph joueur joueuse Laveur laveuse lésine lésinerie lésion liaison ligueur
ligueuse lisérage liséré liseur liseuse lisible lisière lithiasies livraison loisible loisir
lorgneur lorgneuse losange losangé losangée louangeur louangeuse loueur loueuse
lourdise luisant luisante lunaison Mâcheur mâcheuse macreuse mademoiselle magasin
magasinage magasinier magnésie mainmise maison maîtrise malaise malaisé malaisée
malavisé malavisée malfaisance malfaisant malfaisante malplaisant malplaisante malvoisie
manganaise mangeur mangeuse marchandise marcheur marcheuse marquise
matois matoise matoiserie mausolée mauvais mauvaise médisance médisant médisante
menteur menteuse menuiserie menuisier méprisable méprisant méprise mérise mérisier
mésaise mésalliance mésaventure mésintelligence mesurable mesurage mesure mesureur

---

(1) Prononcez *fu-zi*.

métamorphose métaphisicien (1) métaphisique métastase métathèse métempsicose métonomasie mignardise mignotise millésime misanthrope misanthropie mise misérable misère miséréré miséricorde moise Moïse moisissure monstruosité moqueur moqueuse moraliseur morose morosité mortaise mosaïque mucosité musard musarde muscosité muse musée muselière muséum musical musicale musicien musicienne musique musulman Nageur nageuse narquois narquoise nasal nasale nasard nasarde nasi nausée niais niaise niaiserie nivoise noise noisetier non-résidence non-usage nuaison nuisible Obusier occasion occasionel occasionelle occision œsophage oiseau oiseleur oisellerie oisif oisive oisiveté oison olivaison onctuosité opposant opposante opposite oraison oseraie osier outre-mesure ouvreur ouvreuse Paisible pâmoison papelardise paralysie paraphrase paraphraseur paraphraseuse parasite papénèse parenthèse parfumeur pâfumeuse parleur parleuse parmesan partisan patelineur patelineuse pause pavesade paysage paysagiste paysane pégase pelouse pendaison perclus percluse périphrase péroraison persuasible persuasif persuasive persuasion pesant pesante pesanteur pesée pèse-liqueur peseur peson Pharisien phase philosophale philosophe philosophie philosophique phisicien phisiologie phisionomiste phisionomie phisionomiste phisique phrase phrasier phrénésie phthisie phthisique pindariseur plaideur plaideuse plaisance plaisant plaisante plaisanterie plaisir plausibilité plausible pleurésie pleureur pleureuse pleureuses plieur plieuse plusieurs poésie poison polisseur polisseuse porchaison porosité porteur porteuse pose posée poseur positif positive précieuse précis précise précision préfleuraison préséance (2) présence présent présente un présent présentable préservateur préservatif préservative présidence président présidente présomptif présomptive présure prêtrise prévision prise prisée priseur prison prisonnier prisonnière profusion prôneur prôneuse proposable proposant prosaïque prosateur prose prosélyte prosélytisme prosodie prosodique prosopopée provisorerie proviseur provision provisionnel provisionnelle provisoire puisard punais punaise punaisie Quadragésime (3) quasi quasimodo querelleur querelleuse questionneur questionneuse quêteur quêteuse quinquagésime Rabacheur rabacheuse raccommodeur raccommodeuse raconteur raconteuse radoteur radoteuse raisin raisiné raison raisonnable raisonné raisonnée raisonnement raisonneur raisonneuse rançonneur

---

(1) Prononcez *mé-ta-fi-zi-cièn*, *fi-zi-cièn*.
(2) Prononcez *pré-cé-an-ce*.
(3) Prononcez *cou-a-dra-gé-zi-me*.

rançonneuse rapporteur rapporteuse ras rase rasade rasant rasante rasement rasibus rasoir rassasiant rassasiante rassasiement ravaudeur ravaudeuse receleur receleuse receveur receveuse récusable reluisant reluisante remise remplisseuse remueuse renifleur renifleuse représentant représentatif représentative reprise requise réquisitoire rescision réséda réserve réservé réservée résidant résidante résidence résident résidu résignant résignataire résine résistance résoluble résolvant résolvante un résolvant résonnance résonnement (1) résolu résolue rêveur rêveuse réviseur révision ricaneur ricaneuse rieur rieuse risée risibilité risible rogneur rogneuse rosaire rose rosé rosée roseau roseraie rosier rosière rôtisseur rôtisseuse ruse rusé rusée Saisie saisissant saisissante saisissement saison (2) salaison sarcleur sarcleuse Sarrasin Sarrasine satisfaisant satisfaisante séduisant séduisante septuagésime soi-disant somptuosité souffleur souffleuse sournois sournoise suborneur suborneuse suffisance suffisant suffisante surcomposé surprise synthèse la Tamise tâteur tâteuse temporisement temporiseur terminaison thésauriseur thèse tisane tison tisonné tisonneur tisonneuse toise toiseur toison tortuosité touselle traduisible trahison transfusion trembleur trembleuse trésor trésorerie trésorier tresseur tresseuse tricheur tricheuse tricoteur tricoteuse trisaïeul trisaïeule troisième trompeur trompeuse tubéreuse tubérosité turquoise tympaniser Ukase usage usance usine usité usitée usuel usuelle usuraire usure usurier usurière usurpateur usurpatrice Valise vase venaison vendangeur vendangeuse vendeur vendeuse ventôse ventosité ventouse verbosité vielleur vielleuse villageois villageoise virtuose visa visage viscosité visée visibilité visible visière vision visionnaire visir visite visiteur visorium voisin voisine voisinage volatiliser voleur voleuse voyageur voyageuse.

Mouillez les (ll).

Bousillage bousilleur bousilleuse brailleur brailleuse bredouilleur bredouilleuse Cisailles cueilleur cueilleuse Épousailles Gaillardise grésil grésillement grésillon gril grillade grille grillon grisaille groseille groseillier gueusaille Nasillard nasillarde Oseille Pailleur pailleuse piailleur piailleuse Railleur railleuse représaille roupilleur roupilleuse Tailleur tailleuse Vaillantise veilleur veilleuse.

---

(1) Retentissement.
(2) Prononcez *cé-zon*.

Adverbes.

Abusivement affectueusement affreusement aisément artificieusement audacieusement Bourgeoisement Calomnieusement casuellement cauteleusement complaisamment consciencieusement copieusement courageusement curieusement Dangereusement décisivement dédaigneusement délicieusement demesurément déraisonnablement désagréablement désastreusement désavantageusement désespérément désobligeamment désordonnément désormais diffusément disertement disgracieusement douloureusement douteusement Ecclésiastiquement ennuyeusement Fabuleusement fallacieusement fastidieusement fastueusement à foison frauduleusement fructueusement furieusement Généreusement gracieusement Harmonieusement » hazardeusement heureusement » hideusement » honteusement Ignominieusement illusoirement impérieusement impétueusement inclusivement indivisiblement industrieusement ingénieusement injurieusement incidieusement insuffisamment invisiblement irréligieusement irrésolument isolément Joyeusement judicieusement Laborieusement langoureusement licencieusement lisiblement luxurieusement Majestueusement malencontreusement malgracieusement malheureusement malicieusement mélodieusement métaphisiquement miraculeusement misérablement miséricordieusement moelleusement (1) monstrueusement musicalement mystérieusement Niaisement Occasionnellement odieusement officieusement oisivement onctueusement outrageusement Paisiblement pernicieusement pesamment phisiquement philosophiquement pieusement piteusement plaisamment plausiblement pompeusement posément positivement précieusement précisément présentement présomptueusement prodigieusement profusément provisionnellement provisoirement Raisonnablement religieusement résolument respectueusement Savoureusement scandaleusement scrupuleusement sentencieusement sérieusement soigneusement somptueusement spacieusement spécieusement studieusement suffisamment Tortueusement traîtreusement troisièmement tumultueusement Usuellement usurairement Valeureusement vertueusement vicieusement victorieusement vigoureusement visiblement voluptueusement.

Merveilleusement Orgueilleusement Périlleusement. (2)

---

(1) Prononcez *moa-leu-ze-man.*
(2) Mouillez les (*ll*).

Verbes de la 1ʳᵉ conjugaison.

Abuser accuser adoniser agoniser alcaliser alcoholiser amuser analyser anatomiser apaiser apostasier apposer apprivoiser approvisionner araser aromatiser arroser assaisonner autoriser avoisiner Baiser baser biaiser blaser botaniser Canoniser caser caserner caractériser catéchiser causer cautériser centraliser cicatriser ciseler civiliser composer cotiser courtiser creuser ¡ cristalliser croiser cuisiner Débaptiser débourgeoiser défriser dégoiser déguiser démonétiser démoraliser déniaiser dépayser dépopulariser déposer dépriser déraisonner désabuser désaccorder désaccoutumer désachalander désaffourcher désagréer désajuster désaltérer désancrer désapparier désappointer désapprouver désarçonner désargenter désarmer désassembler désaveugler désavouer désemballer désembarquer désembourber désemparer désempeser désemprisonner désenchaîner désenchanter désenfler désenivrer désennuyer désenrayer désenrhumer désenrôler désenrouer désensorceler désentêter déserter désespérer désigner désincorporer désinfatuer désinfecter désintéresser désirer désobliger désobstruer désoler désopiler désorganiser désorienter désosser dévaliser dévisager déviser diéser disposer diviniser diviser dogmatiser Économiser écraser égaliser électriser embraser emmagasiner empeser empoisonner emprisonner enthousiasmer entreposer envisager épouser épuiser éterniser évangéliser évaser Fanatiser favoriser fédéraliser fleurdeliser fraiser franciser friser fuser Gargariser griser grisonner Herboriser hésiter humaniser Immortaliser imposer improviser inciser indemniser indisposer infuser interposer introniser inutiliser isoler Jalouser Jaser Légaliser léser Magnétiser maitriser martyriser mépriser mésallier mésarriver (1) mésestimer mesurer mesuser métalliser métamorphoser métaphisiquer minéraliser monseigneuriser moraliser municipaliser museler muser Neutraliser niaiser noliser Occasioner opposer organiser oser Paralyser paraphraser particulariser pauser pédantiser périphraser personnaliser peser philosopher plaisanter poétiser poser préciser préconiser préposer présager présenter préserver présider présumer présupposer (2) priser prophétiser proposer puiser pulvériser Raisonner raser rassasier réaliser récuser refuser régulariser réimposer remesurer remiser représenter résider résigner résilier résister résonner résulter résumer retoiser

---

(1) Verbe impersonnel.
(2) Prononcez *pressu-po-zé.*

rídiculiser rivaliser ruser Satiriser scandaliser séculariser solenniser soupeser spiritualiser subdiviser subtiliser supposer symboliser symétriser sympathiser Tamiser temporiser tisonner tranquilliser transfuser transposer transvaser tympaniser tyranniser User usurper utiliser Verbaliser viser visiter voisiner,

Bousiller Cisailler Grésiller griller grisailler gueusailler Nasiller. (1)

Verbes Pronominaux.

S'abuser s'accuser s'adoniser s'amuser s'apaiser S'autoriser se Baiser se blaser se briser se Cicatriser se coaliser se composer se cotiser se croiser se Désabuser se désapproprier se désenrhumer se désenrouer se désister se désoccuper se désorganiser s'Embraser s'évaser se Faisander se formaliser se Gargariser s'Impatroniser s'isoler se Métamorphoser s'opposer se Présenter se Raviser se refuser se résigner se Scandaliser se singulariser se Tranquilliser s'User.

Abasourdir appesantir Choisir Désassortir désemplir désensevelir désobéir désunir Mésoffrir. (2)   S'appesantir se Dessaisir se Moisir. (3)   Mésavenir.

Désapprendre Résoudre. (4)   Se résoudre.

———

ES, *prend le son de l'e muet dans les Mots suivants.*

Ressemblance (5) ressemblant ressemblante ressentiment resserrement ressort ressource. Ressembler ressemer resserrer ressouder ressuer. (6)   Ressentir ressortir ressouvenir. (7)   Se ressouvenir.

———

(1) Mouillez les (*ll*).
(2) Verbes de la 2me conj.
(3) Verbes pronominaux.   *Mésavenir*, v. impersonnel.
(4) Verbes de la 4me conj.   *Se résoudre*, v. pron.
(5) Prononcez *Re-sam-blan-ce*, etc.
(6) Verbes de la Ire conj.
(7) Verbes de la 2me conj.   *Se ressouvenir*, v. pron.

Quarantième Exercice.

At et it yt ot ut.

Abat-jour abattement abatteur abat-vent apostat apostolat apparat appàt (1) archiépiscopat (2) assignat atlas atmosphère atmosphérique attachant attachante attache attachement attaquable attaquant attaque atteinte attelage atteloire attenant attenante attendrissant attendrissante attendrissement attentat attentatoire attente attentif attentive atténuant atténuante atterrissement attiédissement attique attirant attirante attireur attitude attouchement attractif attractive attrait · attrapoire attrayant attrayante attributif attributive attristant attristante attroupement avocat Baccalauréat baratte baratterie bàt battage battant battellement battement batterie batteur battoir battue batture béat béate Calfat (3) carat cardinalat cédrat célibat cérat certificat chat chatte chat-huant chat-pard chatte-mite chocolat cioutat climat combat combattant consulat contrat cordat crachat créat Débat dégat délicat (4) délicate diaconat doctorat ducat Ébat ébattement éclat entrechat état exéat Flatterie flatteur flatteuse forçat format Généralat goujat grabat grattoir grenat Inattaquable inattendu inattendue inattentif inattentive incarnat ingrat ingrate intermédiat intermédiate Jatte Jattée Latte lauréat légat Machurat majorat mandat mat (5) màt médiat médiate miélat muscat muscade Nacarat notariat nougat noviciat Odorat opiat orangeat orgeat oxicrat Patriarcat pensionnat plagiat plat plate un plat pontificat potentat prélat professorat pugilat Rabat rachat rat reliquat renégat renégate résultat Secrétariat sénat seringat soldat sous-diaconat syndicat tribunat Vicariat.

Attentivement Flatteusement, (6) Attendu-que.

---

(1) Pàture.
(2) Prononcez *ar-kié-pis-co-pa*.
(3) Prononcez *kal-fa-te*.
(4) Prononcez *dé-li-ka-te*.
(5) *Mat*, Sans éclat; lourd, compact. *Màt*, arbre qui porte les voiles.
(6) Adverbes. *Attendu que*, conjonction.

Attacher attaquer atteler attenter atténuer atterrer attester attirer attraper attremper attribuer attrister attrouper Barratter Chatter Dénatter Flatter Gratter Regratter. (1)   Sattabler s'attacher s'attaquer s'attribuer s'attrouper se Flatter. (2)

Attendrir attérir attiédir (3)   S'attendrir s'attiédir.

Abattre atteindre attendre attraire Battre Combattre Débattre Rabattre rebattre. (4) s'abattre s'attendre se Battre s'Ébattre, (5)

---

et.

Acquét affetto affiquets aguets aigrelet aigrelette aigret aigrette une aigrette allumette alouette alphabet amourette ampoulette amulette amusette anisette ancette apprêt archet argoulet ariette armet arrêt assiette assiettée (6) assujettissant (7) assujettissante assujettissement attrappette auget Bachelette bagnolette baguette baïonnette ballet bandelette banquet banquette baquet barbet (8) barbette barcelonnette baronnet barrette basset bassette bassinet batelet bâtonnet baudet bavette beignet belet benet bergerette berniquet betterave bidet bilboquet biset blet blette bluet ou barbeau bluette bonnet bosquet bossette bouffette bougette boulet boulette bouquet bourrelet ou bourlet bourriquet bouvet bracelet brachet brayette (9) bretteur brevet briquet brochette brouette brouetteur brouettier brunet brunette buchette buffet buvette Cabaret cabinet cabriolet cachet cachette cadenette cadet cadette calumet camouflet campanette canette caquet carnet carrelet cassette cassolette castagnette cavalquet ce cet cette (10) ceinturette Chaïnette chalet chambrette chansonnette chardonneret chaufferette chaussette chemisette chenet chevalet chevet

---

(1) Verbes de la Ire conj.
(2) Verbes pronominaux.
(3) Verbes de la 2me conj.   *S'attendrir, s'attiédir.* v. pron.
(4) Verbes de la 4me conj.
(5) Verbes pronominaux.
(6) Prononcez *a-cié-té.*
(7) Prononcez *a-çu-jé-ti-çan,* etc.
(8) Prononcez *bar-bé, bar-bè-te.*
(9) Prononcez *bra-iè-te.*
(10) Pronoms démonstratifs dont le pluriel est *ces.*

chiquet chouette ciselet civet civette vin clairet claquet clarinette clavette clignemusette cliquette clochette cochet cochonnet coffret coffrettier colifichet collerette collet commettant (1) complet complète concret concrète coquet coquette coquetterie cordelette cordonnet cornet cornette côtelette couchette coudrette couette couperet couplet courbette coussinet couvet cramponnet creuset criquet crochet croquet crossette croûtelette curette cuvette Dameret Débet (2) décret défets dette disette doucet doucette dunette duret durette duvet Échellette (3) effet émouchette emplette entremets épaulette épinette épinglette éprouvette escampette escarpolette espagnolette et (4) et cætera étiquette Facette farfadet fauchet fausset fauvette femmelette ferret filet finet finette flageolet fleuret fleurette fluet fluette follet follette forêt (5) foret fossette fouet fouetteur freluquet fret (6) frette frisquette fumet Galoubet gantelet gazette genêt gibet gilet gimblette ginguet ginguette girouette gobelet godet goguettes gourmet gourmette gousset grandelet grandelette grasset grassette grenettes griblette grisette guéret guet guet-à-pens guichet guinguette la Hachette le haquet l'herbette l'historiette le hochet le hoquet la houlette le huchet Inquiet inquiète intérêt Jambette jaquette jardinet jarret jeunet jeunette joliet joliette jouet Lacet lancette languette lansquenet lavette layette lazaret lettre lettré lettrée lettrine livret longuet longuette loquet lorgnette luette lunette Maigrelet maigrelette maigret maigrette maisonnette manchette mantelet marionnette marmouset martelet martinet mauviette mazette menuet miette mignonnette minet minette molet mollette le mollet motet mouchettes moulinet mousquet muet muette muguet mulet musette Navet navette net nette netteté nettoiement nicette nichet noisette nonnette nouet Objet olivettes omelette onglet onglette osselet oubliettes ourlet Palet palette paraclet parapet parquet pauvret pauvrette perroquet pierrette pincettes piquet piquette pirouette pistolet placet planchette plumet pochette poignet pommette poulet poulette projet prometteur prometteuse propret proprette protêt psallette Quolibet Raquette recette récollet recoupette

---

(1) Prononcez *co-mé-tan.*
(2) Prononcez *dé-bè-te.*
(3) Prononcez *é-che-lè-te.*
(4) Conjonction. Le *t* ne se prononce que dans *et cætera.*
(5) *Forêt,* bois. *Foret,* instrument de fer.
(6) Prononcez *frè-te,*

reflet réglet réglette regret regrettable reinette rejet replet replette ricochet robinet rochet rodet roitelet rôlet rondelet rondelette roquet roquette rosette rouet rouget roulette rousselet Sachet sarriette saupiquet savonnette secret secrète un secret sellette serinette serpette serpolet serviette seulet seulette sifflet signet silhouette sobriquet sommet sonnet sonnette sorbet sornette soubrette soufflet squelette stylet suette sujet sujette suspect suspecte Tablette tabletterie tabouret tacet targette tartelette tinette tiret toilette toquet torquet torquette toupet touret tourniquet trajet tranchet traquet trébuchet triolet triquet trochet trompette Valet vannette vedette venette verdelet verdelette verdet ou vert-de-gris vergette verset viguette villette vinaigrette violet violette le violet la violette volet.

Aiguillette (1) Billet Cueillette Douillet douillette Feuillet feuillette fillette Grassouillet grassouillette gribouillette Juillet Millet mouillettes OEillet Paillet paillette. (2)

A l'aveuglette Doucettement douillettement En effet Nettement. (3)

———

Brochetter brouetter Émietter Facetter fouetter Guetter Nettoyer Pirouetter Regretter renettoyer. (4)   Assujettir.

Admettre Commettre Démettre Émettre Omettre Promettre Remettre Soumettre. (5) Se démettre s'Entre-mettre se Soumettre. (6)

———

it.

Arithméticien (7) arithmétique accessit (8) acquittement acquit algorithme Bandit biscuit bruit Circuit conduit conflit conscrit contredit contrit contrite crédit Débit décrépit décrépite dédit déficit délit dit Écrit édit enduit érudit Fortuit fortuite fruit Granit gratuit gratuite Habit huit Interdit introït Littéraire littéral

---

[1] Prononcez *At-gu-i-gliè-te.*
[2] Mouillez les *(ll).*
[3] Adverbes
[4] Verbes de la Ire conj.   *Assujettir,* v. de la 2me conj., prononcez *a-çu-jé-tir.*
[5] Verbes de la 4me conj.
[6] Verbes Pronominaux.
[7] Prononcez *A-rit-mé-ti-cièn.*
[8] Prononcez *ac-cè-cit.*

littérale littérateur littérature Minuit Nuit Obit Petit petite produit profit Quittance quitte Récit recuit réduit répit rescrit Sagittaire subit subite susdit susdite Usufruit Vit-choura Zénith.

Arithmétiquement Littéralement Quittement. (1)

Acquitter Quittancer quitter Racquitter. (2)   S'acquitter se Racquitter.

---

ot.

Abricot argot arigot Ballot ballottage ballotte bellot bellotte berlingot bigot bigote bimbelot pied bot (3) botte bottier bottine brulot Cagot cagote cahot calot calotte camelot camelotte canot capot carotte chariot chicot compiot coquelicot crotte crottin culot culotte Décrotteur décrottoire dépôt dévot dévote diablezot dot Écot emmotté emmottée entrepôt épiglotte escargot Fagot falot falote -un falot fiévrotte flibot flot flottable flottage flottaison flottant flottante flotte flottement fricot frottage frottement frotteur frottoir Galipot garrot gavotte gelinotte gigot gigotté gigottée grelot griotte griottier grotte le Halot le haricot le hochepot le huguenot la huguenote Idiot idiote impot indécrottable indévot indévote Jabot javelot Larigot linotte lot Machicot magot manchot manchotte marcotte margot marmot marmotte marotte massicot matelot menotte minot mot (4) motte mulot Nabot nabote Ostrogot Palinot paquebot pavot persicot picot pierrot pivot polyglotte pot prévôt Rabot ragot ragotte rôt (5) rot Sabot sanglot sot sotte suppôt Tarot tarots tire-botte tire-larigot tricot trot trottade trotte trotteur trottin trottoir turbôt.

Billot Flotille Vieillot vieillotte. (6)   Aussitôt Bientôt.

Baisotter Balloter botteler botter buvotter Carotter Débotter décrotter Emmenotter émotter Flotter frotter Garrotter gigotter grelotter Jabotter Marcotter marmotter Recrotter refrotter Trotter. Emmaillotter. *   Se débotter se Motter. (7)   Se blottir.

---

(1) Adverbes.
(2) Verbes de la Ire conj. *S'acquitter, se racquitter,* v. pron.
(3) Prononcez *pié-bote, dote.*
(4) Le *t* se prononce quelquefois à la fin d'une phrase.
(5) *Rot,* viande rotie. *Rôt,* vent qui sort de l'estomac.
(6) Mouillez les *(ll). Aussitôt, bientôt,* adverbes.
(7) Verbes pronominaux. *Se blottir,* v. de la 2me conj.

40

ut.

Affût (1) attribut azimut Bahut brut * brute but * butte butture Canut
comput * chut * Début Fût * Guttural gutturale la Hutte Induts institut Lut *
luth * lutte lutteur Préciput Tribut Ut. *   De but en blanc But-à-but. (2)
Butter Cutter Lutter. (3)   Se lutter.

ait.

Abstrait abstraite attrait Bienfait Fait forfait fortrait fortraite Imparfait imparfaite
l'Imparfait Lait Méfait Parfait parfaite portrait Refait retrait Souhait stupéfait
Trait Vautrait.   Il y avait.

AIT, *employé dans les verbes.*

Il avait il aurait qu'il ait elle avait elle aurait qu'elle ait il était il serait elle était
elle serait il aimait il aimerait elle aimait elle aimerait il ou elle finissait il ou elle finirait
il ou elle recevait il ou elle recevrait il ou elle rendait il ou elle rendrait. (4)

aut.

Assaut Boucaut le Haut la haute le haut-bois le héraut Rehauts Saut soubresaut
sursaut Taiaut.   Il faut. (5)

oit.

Adroit adroite avant-toit Détroit droit droite Endroit étroit étroite Mala-
droit maladroite Passe-droit Soit (6) surcroit Ainsi soit-il.

out.

Août (7) Bouts-rimés Debout dégoût Égout Goût goutte (8) goutte-sereine Passe-
debout Ragoût-   A bout. (9)

---

(1) Prononcez le *t* dans ce mot et dans les suivants marqués d'un astérisque. *
(2) Adverbes.
(3) Verbes de la Ire conj.   *Se lutter*, v. pron.
(4) On écrivait autrefois ces mots avec *oi*, il avoit, etc.
(5) *Il y avait*, *il faut*, verbes impersonnels.
(6) Adv, et conj.
(7) Prononcez *oute*.
(8) Petite partie d'un liquide ; maladie.
(9) Adverbe.

Tl , *qui se prononce* ci.

Abdication abduction abjection abjuration ablation ablution abnégation abolition abomination abréviation abrogation absolution abstraction accélération accentuation acceptation acception acclamation accommodation accrétion accumulation accusation acidification acquisition acquit-a-caution action actionnaire adaptation addition additionnel additionnelle adduction admonition adoption adoration adulation adultération affectation affection affiliation affirmation affliction agglomération agglutination agitation agnation (1) agrégation aliénation allégation allocation allocution altération altercation ambition amodiation amalgamation amélioration amplification amputation animalisation annihilation annonciation annotation annulation anticipation apparition appellation application apposition appréciation approbation appropriation approximation arbitration argumentation aristocratie aristodémocratie aromatisation arrestation articulation aspiration assertion assignation assimilation association assomption atténuation attestation attraction attractionnaire attribution attrition audition augmentation autocratie autorisation Béatification bénédiction bonification Calcination caléfaction capétien capétienne capitation captation capitulation carnation cassation circonscription circonspection circonvallation circonvention circonvolution circulation citation civilisation clarification coaction coagulation coalition coction coemption coercition cohabitation collation (2) collection collocation commémoration commisération commotion communication commutation comparution compensation compilation complication componction composition concentration conception conciliation concoction concrétion condamnation condensation condition conditionné conditionnée conditionnel conditionnelle confection confédération confidentiaire confidentiel confidentielle confirmation confiscation conformation confortation confrontation conglutination congrégation conjonction conjuration conscription consécration conservation considération consignation consolation consolidation consommation consomption conspiration constellation consternation constipation constitution constitutionnalité constitutionnel constitutionnelle constriction construction consultation contemplation contention contestation contignation continuation contraction contradiction contravention contrefaction contrevallation contribution contrition convention conventionnel conventionnelle conviction convocation coopération cooptation corporation

---

(1) Prononcez *ag-na-cion.*

(2) L'action de conférer une copie avec l'original ; repas léger.

correction correctionnel correctionnelle corrélation corroboration corruption cotisation création crépitation crispation cristalisation culmination curation Damnation décapitation déception décimation déclamation déclaration décoction décollation décomposition décoration décrépitation déduction défalcation défection définition dégénération déglutition dégradation dégustation déification déjection délation délectation délégation délibération déliénation démarcation démolition démonstration dénégation dénomination dénonciation dénotation dentition dénudation déperdition dépilation dépopulation déportation déposition dépravation déprécation dépréciation déprédation dépuration députation dérivation dérogation désapprobation désappropriation description désertion désignation désinfection désoccupation désolation désopilation désorganisation despumation dessication destination destitution destruction détention détérioration détermination détestation détonation détraction dévastation déviation dévolution dévotion diction dictionnaire diffamation dilacération dilapidation dilatation dilection diminution direction discontinuation discrétion disculpation disgrégation disjonction dislocation disparition dispensation disposition dispro- portion disproportionné disproportionnée dissection dissention dissertation dissimulation dissipation dissolution distillation distinction distraction distribution divination divulgation domination donation dotation dubitation duplication Ébullition édification édition éducation effraction égalisation éjaculation élaboration élection électrisation élévatiion élocution émanation émancipation émigration émotion emplastration émulation énonciation énumération épellation équation équitation érection érudition éruption estimation évacuation évagation évaluation évaporation évocation évolution exaction exagération exaltation exaspération exécration exécution exemption exultation Fabrication faction factionnaire falsification fascination fécondation fédération félicitation fermentation fiction filiation filtration fixation flagellation fluctuation fomentation fonction fonction- naire fondation formation fortification fraction fractionnaire fréquentation friction fructification fulmination fumigation fustigation Généralisation génération germination gesticulation glorification gradation graduation granulation gratification gravitation gustation l'Habitation l'herborisation l'hésitation l'homologation l'humectation l'humiliation Ignition illumination illustration imagination imbibition imitation immatriculation immolation immortification impanation impartial impartiale impartialité impastation impatience impatient impatiente imperfection impéritie impétration implantation implica- tion importation imposition imprécation imprégnation improbation imputation inaction inanition inapplication inattention inauguration incamération incantation incarcération incarnation incération incitation inclination inconsidération incorporation incrustation incubation inculcation indétermination indévotion indication indignation indiscrétion indisposition induction inexécution infamation infatuation infection inféodation infiltration inflammation infliction information infraction inhibition inhumation initiation (1) injection injonction innovation inobservation inoculation inondation inquisition inscription insertion insinuation insolation inspection inspiration installation instigation instillation institution instruction insubordination insurrection insurrectionnel insurrectionnelle intégration intellection intention intentionné intentionnée intentionnel intentionnelle interception interdition interjection interlocution interpellation interposition interprétation interrogation interruption intersection intervention intimation intitulation intonation introduction intronisation intuition invention investigation invitation invocation irradiation irrationnel irrationnelle irrésolution irritation irruption isolation Jonction jubilation juridiction justification Labiation lacération lamentation lapidation légalisation légation législation légitimation libation libération libration licitation limitation liquéfaction liquidation lixiviation location lustration luxation Macération machination malédiction malintentionné malintentionnée malversation manducation manifestation manipulation manutention mastication médiation méditation mention migration minéralisation minutie mitigation modération modification modulation mortification motion multiplication munition munitionnaire mutation mutilation mystification Narration natation nation national nationale naturalisation navigation négation négociation neutralisation nomination notification notion novation numération nutation nutrition Obédientiel obédientielle objection oblation obligation observation obstination obstruction occupation onction ondulation opération opilation opposition option ordination organisation oscillation ossification ostentation ovation Pagination pacification palliation palpitation panification participation partiel partielle partition passation patience patient patiente un patient pénétration pénitentiel perception perdition perfection perfectionnement perforation permutation perpétuation perquisition persécution perturbation pétition pétitionnaire pétrification plantation ponctuation population portion position postulation potion précaution précipitation préconisation prédestination prédication prédiction prédilection prédomination prélation préméditation préoccupation préparation préposition prescription présentation présomption prestation présupposition (2)

---

(1) Prononcez *i-ni-cia-cion*, *ein-no-va-cion.*
(2) Prononcez *pressu-po-zi-cion.*

prétention prétérition prévarication prévention primatial primatiale primatie privation proclamation procuration production profanation prohibition procuration production procréation projection prolation prolongation promotion promulgation pronation prononciation propagation propitiation (1) propitiatoire proportion proportionnalité proportionnel proportionnelle proposition prorogation proscription prosternation protection protestation provocation publication pulsation pulvérisation punition purgation purification putréfaction Qualification quotient Radiation ramification raréfaction ratification ration rationnel rationnelle réaction réalisation réassignation récapitulation réception réciprocation récitation réclamation recommandation recomposition réconciliation réconduction réconfortation réconstitution reconstruction récréation récrimination rectification récusation rédaction reddition rédemption redhibition réduction réédification réfection réformation réfraction réfrigération réfutation régénération réhabilitation réimposition réintégration réitération relation relaxation rémunération renonciation rénovation réordination réparation répartition répétition réplétion représentation réprobation réproduction répudiation réputation réquisition réservation résignation résiliation résolution respiration restauration restitution restriction résurrection rétention rétractation rétribution rétroaction révélation revendication réverbération révivification révocation révolution révolutionnaire rogation rotation rumination Salivation salutation sanctification sanction satisfaction scarification sécrétion section sécularisation sédition séduction sensation séparation séquestration signification simplification simulation situation solennisation sollicitation solution sommation souscription soustraction spécification spéculation spiration spiritualisation spoliation stagnation (2) station stationnaire stillation stipulation stupéfaction subdélégation subjection sublimation subordination subornation subrogation substantiel substantielle substitution subtilisation subvention suffocation sujétion superposition superpurgation superstition supination supplantation supplication supposition suppuration supputation surannation suprématie suscitation suscription Taxation temporisation tentation tergiversation tradition traduction transaction transcription transfiguration transformation transition (3) translation transmigration transmutation transpiration transplantation transposition transsubstantiation transsudation tribulation trituration tuméfaction Ulcération univocation usurpation Vocation vaccination vacillation

---

(1) Prononcez *pro-pi-cia-cion.*
(2) Prononcez *staghe-na-cion.*
(3) Prononcez *tran-zi-cion , trans-subs-tan-cia-cion.*

vaporisation variation végétation vénération verbération vérification versification vexation vibration vindication violation visitation vitrification vivification vocation volatilisation volation votation.

Adverbes.

Ambitieusement Capticusement conditionnellement confidentiellement consubstantiellement constitutionnellement contentieusement conventionnellement impartialement impatiemment Nationalement Particllement patiemment proportionnellement proportionnément Substantiellement superstitieusement.

———

Actionner additionner affectionner ambitionner Collationner conditionner confectionner Impatienter mentionner Perfectionner précautionner sanctionner. (1)
S'affectionner s'Impatienter se Perfectionner se précautionner. (2)

Quarante-unième Exercice.

———

Ax ex ix yx ox ux.

Adextré adextrée ambidextre Bissexte bissextil bissextile Contexture crucifix Dextérité dextre dix dixme Excavation excédant excédante excellence excellent excellente excellentissime excepté exception excès excessif excessive excitatif excitative excitation exclamation exclusif exclusive exclusion excommunication excrément excrétion excroissance excursion excusable excuse excussion exhalaison exhalation exhaussement exhérédation exhibition exhortation exhumation expansible expansion expectant expectante expectatif expectative expectation expectorant expectorante expectoration expédient expéditif expéditive expédition expéditionnaire expérience expérimental expérimentale export experte expertise expiation expiatoire expiration explicable explicatif explicative explication

———

(1) Verbes de la Ire conj,
(2) Verbes pronominaux.

explicite exploit exploitable exploitant exploitation exploiteur explorateur explosion exportateur exportation exposant exposante exposé exposition exprès expresse expressif expressive expression exprimable expulsif expulsive expulsion exquis exquise exsudation extant extante extase extatique extenseur extensibilité extensible extension exténuation extérieur extérieure extériorité exterminateur extermination externe extinction extirpation extorsion extraction extradition extrait extraordinaire extravagance extravagant extravagante extrême extrême-onction extrémité exultation ex-voto Flux Index inexpérience inexpérimenté inexpérimentée inexpiable inexplicable inexprimable inexpugnable inextinguible inextricable mixte mixtion (1) perdrix phénix préfix préfixe prétexte prix Reflux Sexte sextuple six sixte styx Texte textile textuaire texture.

Mixtionner Prétexter, (2)　　　Extraordinairement extrêmement.

eux.

Affectueux affectueuse alimenteux alimenteuse ambitieux (3) ambitieuse amoureux amoureuse angleux angleuse anguleux anguleuse aqueux aqueuse argileux argileuse artificieux artificieuse astucieux astucieuse audacieux audacieuse avantageux avantageuse avaricieux avaricieuse avantureux aventureuse baveux baveuse bilieux bilieuse belliqueux belliqueuse bitumineux bitumineuse boiseux boiseuse boiteux boiteuse boueux boueuse bourbeux bourbeuse brumeux brumeuse buissonneux buissonneuse butineux butineuse Cadavéreux cadavéreuse cagneux cagneuse calamiteux calamiteuse calleux calleuse calomnieux calomnieuse capiteux capiteuse capricieux capricieuse captieux (4) captieuse catharreux catharreuse cauteleux cauteleuse caverneux caverneuse cérémonieux cérémonieuse chaleureux chaleureuse chancreux chanceuse chancreux chancreuse charbonneux charbonneuse charneux charneuse chassieux chassieuse consciencieux conciencieuse contagieux contagieuse contentieux contentieuse convoiteux convoiteuse copieux copieuse cotonneux cotonneuse couenneux couenneuse courageux courageuse couteux couteuse crapuleux crapuleuse crasseux crasseuse creux creuse

---

(1) Prononcez *miks-tion*, *fé-nikse*, *pré-fikse*,
(2) Verbes de la Ire conj.　　*Extraordinairement*, *extrémement*, adv.
(3) Prononcez *am-bi-cieu*, *eu-ze*.
(4) Prononcez *cap-cieu*, *con-tan-cieu*.

un creux cribleux curieux curieuse Dangereux dangereuse dédaigneux dédaigneuse défectueux défectueuse délicieux délicieuse dépiteux dépiteuse désastreux désastreuse désavantageux désavantageuse désireux désireuse deux dieux (1) difficultueux difficultueuse disetteux disetteuse disgracieux disgracieuse dispendieux dispendieuse doucereux doucereuse douloureux douloureuse douteux douteuse duveteux Écouteux écumeux écumeuse ennuyeux ennuyeuse envieux envieuse épineux épineuse érugineux érugineuse eux (2) excrémenteux excrémenteuse Fabuleux fabuleuse facétieux (3) facétieuse fâcheux fâcheuse factieux factieuse fallacieux fallacieuse fameux fameuse fangeux fangeuse farcineux farcineuse farineux farineuse fastidieux fastidieuse fastueux fastueuse faucheux feux fibreux fibreuse fiévreux filamenteux filamenteuse filandreux filandreuse fistuleux fistuleuse fougueux fougueuse frauduleux frauduleuse frileux frileuse froidureux froidureuse fructueux fructueuse fumeux fumeuse furieux furieuse Galeux galeuse gangréneux gangréneuse gazeux gazeuse gélatineux gélatineuse généreux généreuse giboyeux giboyeuse glaireux glaireuse glaiseux glaiseuse glanduleux glanduleuse glorieux glorieuse glutineux glutineuse goitreux goitreuse gommeux gommeuse goutteux goutteuse gracieux gracieuse graisseux graisseuse gratteleux gratteleuse graveleux graveleuse grumeleux grumeleuse gueux gueuse gypseux gypseuse le Haineux la haineuse le hargneux la hargneuse l'harmonieux l'harmonieuse le hazardeux la hazardeuse l'hébreux l'herbeux l'herbeuse l'heureux l'heureuse le hideux la hideuse le honteux la honteuse l'huileux l'huileuse Ignominieux ignominieuse impérieux impérieuse impétueux impétueuse incestueux incestueuse infructueux infructueuse ingénieux ingénieuse injurieux injurieuse insidieux insidieuse Jeux Laborieux laborieuse laineux laineuse langoureux langoureuse légumineux légumineuse lépreux lépreuse licencieux licencieuse liégeux liégeuse lieux ligneux ligneuse lumineux lumineuse luxurieux luxurieuse Majestueux majestueuse malandreux malencontreux malencontreuse malgracieux malgracieuse malheureux malheureuse malicieux malicieuse marécageux marécageuse matineux matineuse mélodieux mélodieuse membraneux membraneuse méticuleux méticuleuse mielleux mielleuse mieux (4) minutieux minutieuse miraculeux miraculeuse miséricordieux miséricordieuse moelleux (5) moelleuse le moelleux monstrueux

---

(1) *Dieux , jeux , lieux* ; pluriel de *dieu, jeu, lieu.*

(2) Pluriel du pronom personnel *lui.*

(3) Prononcez *fa-cé-cieu , euse ; fakcieu, euse ; mi-nu-cieu , euse ; pes-ti-lan-cieu , euse ; sé-di-cieu , euse ; san-tan-cieu , euse ; su pers-ti-cieu , euse.*

(4) Adverbe.

(5) Prononcez *moa-leu , euse.*

monstrueuse montueux montueuse morveux morveuse mousseux mousseuse mucilagineux
mucilagineuse muqueux muqueuse mystérieux mystérieuse Neigeux neigeuse nerveux
nerveuse nidoreux nidoreuse nitreux nitreuse nombreux nombreuse noueux noueuse
nuageux nuageuse Oiseux oiseuse ombrageux ombrageuse onéreux onéreuse orageux
orageuse oublieux oublieuse outrageux outrageuse Pâteux pâteuse pécunieux pécunieuse
Périgueux pernicieux pernicieuse pestilentieux pestilentieuse peureux peureuse phospho-
reux phosphoreuse piteux piteuse pituiteux pituiteuse plâtreux plâtreuse pleureux
pleureuse pluvieux pluvieuse pompeux pompeuse populeux populeuse précieux précieuse
preux prodigieux prodigieuse queux quinteux quinteuse Raboteux raboteuse radieux
radieuse rateleux rateleuse religieux religieuse un religieux une religieuse rigoureux
rigoureuse roupieux roupieuse ruineux ruineuse Sableux sableuse sablonneux sablon-
neuse saigneux saigneuse savoureux savoureuse scabieux scabieuse scandaleux scandaleuse
scrofuleux scrofuleuse scrupuleux scrupuleuse séditieux séditieuse sentencieux sentencieuse
silencieux silencieuse sinueux sinueuse soigneux soigneuse somptueux somptueuse songe-
creux souffreteux souffreteuse soupçonneux soupçonneuse soyeux soyeuse spacieux spacieuse
spécieux spécieuse spiritueux spiritueuse spongieux spongieuse squirreux squirreuse
studieux studieuse superstitieux superstitieuse Terreux terreuse tortueux tortueuse
tumultueux tumultueuse Valeureux valeureuse vaniteux vaniteuse vaporeux vaporeuse
vaseux vaseuse venimeux venimeuse venteux venteuse vertueux vertueuse vicieux
vicieuse victorieux victorieuse vieux (1) vigoureux vigoureuse vineux vineuse vœux
volumineux volumineuse voluptueux voluptueuse Yeux, (2)

Mouillez les (ll).

Chatouilleux chatouilleuse croustilleux croustilleuse Écailleux écailleuse Lentilleux
lentilleuse Merveilleux merveilleuse Pailleux pailleuse périlleux périlleuse pointilleux
pointilleuse pouilleux pouilleuse Sourcilleux sourcilleuse Vétilleux vétilleuse (3)

---

(1) On dit aussi *vieil,* féminin *vieille.* On peut dire également *un vieux* habit, *de vieux*
habits ; *un vieux* ami, *de vieux* amis.

(2) Pluriel *d'œil.*

(3) Les noms et adjectifs terminés par *x* ne changent rien au pluriel, on dit également : un
creux, des *creux,* etc.

aux. [1]

Apparaux aspiraux aux (2) Baux bestiaux Chaux chevaux (3) ciseaux claveaux communaux coreaux Eaux émaux épiscopaux Faux fausse un faux une faux faux-feu Jeux floraux Leitaux Matériaux Nominaux Orientaux ouvreaux Préjudiciaux pénitentiaux (4) principaux Quintaux Radicaux Sapientiaux seigneuriaux soupiraux surtaux Taux travaux tribunaux Végétaux vitraux.

oux.

Bijoux Cailloux * Choux Genoux Hiboux Poux (5) Alquifoux Courroux Doux douce.

oix.

Croix (6) choix Noix Poix (7) Rose-croix.

aix.

Aix (8) Faix Paix Surfaix.

---

(1) Les mots suivants en *aux* sont au pluriel ; *chaux*, *faux*, *taux*, s'écrivent de même au singulier.

(2) Pluriel de la particule *au*, il s'emploie pour *à les*.

(3) Pluriel de cheval. Les noms terminés par *al*, font leur pluriel en *aux*, excepté *bal*, *carnaval*, *régal*, qui font *bals*, *carnavals*, *régals*. *Bail*, fait *baux* ; *corail*, *émail*, font *coraux*, *émaux*, etc.

(4) Prononcez *pé-ni-tan-cio*.

(5) Pluriels de *bijou*, *caillou*, etc. ; les autres noms en *ou*, prennent une *s* au pluriel. *Alquifoux*, *courroux*, *doux*, s'écrivent au singulier comme au pluriel.

(6) Ces noms ne changent pas au pluriel,

(7) Résine brûlée,

(8) Nom propre de ville ; prononcez *aikce*. Dans les mots suivants l'*x* ne se fait point sentir.

Quarante-deuxième et dernier Exercice.

Az ez iz yz oz uz.

Assez (1) Chez Gaz Lazzi Mezzotermine Nez Rendez-vous rez-de-chaussée riz.

EZ, *employé dans les verbes.*

Vous avez vous aviez vous aviez eu vous aurez vous aurez eu vous auriez vous auriez eu ou vous eussiez eu ayez que vous ayez que vous ayez eu vous étiez vous avez été vous aviez été vous serez vous aurez été vous seriez vous auriez été soyez que vous soyez que vous fussiez que vous ayez été que vous eussiez été vous aimez vous aimiez vous avez aimé vous aviez aimé vous aimerez vous aurez aimé vous aimeriez vous auriez aimé ou vous eussiez aimé aimez que vous aimiez que vous aimassiez que vous ayez aimé que vous eussiez aimé vous finissez vous finissiez vous avez fini vous aviez fini vous finirez vous aurez fini vous finiriez vous auriez fini ou vous eussiez fini finissez que vous finissiez que vous ayez fini que vous eussiez fini vous recevez vous receviez vous avez reçu vous aviez reçu vous recevrez vous aurez reçu vous recevriez vous auriez reçu ou vous eussiez reçu recevez que vous receviez que vous reçussiez que vous ayez reçu que vous eussiez reçu vous rendez vous rendiez vous avez rendu vous aviez rendu vous rendrez vous aurez rendu vous rendriez vous auriez rendu ou vous eussiez rendu rendez que vous rendiez que vous rendissiez que vous ayez rendu que vous eussiez rendu.

---

(1) Adverbe. *Chez*, prép. *Nez* s'écrit au singulier comme au pluriel.

Union Fraternelle.

Parmi les préceptes dont on nourrit chaque jour la mémoire des enfants, il en est un qu'on ne saurait trop leur rappeler ; c'est aux Mères surtout qu'il appartient de graver dans les cœurs de tous les membres de sa famille, qu'issus du même sang, rien ne doit altérer ce sentiment intime qui les unit l'un à l'autre ; cette union fraternelle, que l'intérêt ou la jalousie ne viennent que trop souvent infecter de leur poison. Ce peut-il, qu'il y ait eu des parents assez barbares pour faire le bonheur d'un de leurs enfants au détriment de tous les autres ? ce peut-il, qu'une mère qui les a tous également portés dans son sein, puisse quitter la vie en emportant l'idée que, divisés par une sordide avarice, un partage inégal va faire de ses enfants autant d'ennemis, qui, se détestant mutuellement et joignant l'entêtement à la haine, achèveront en procès ruineux les débris d'une fortune acquise à force de travail, de temps et d'économie ? Qu'elle est heureuse la mère qui peut jouir pendant sa vie du bonheur de voir sa famille vivre dans une parfaite union ; quelle consolation pour elle, de penser que chacun de ses enfants trouvera dans son frère un soutien, un appui contre le malheur, les revers de la fortune et la malveillance.

Depuis environ un demi siècle, on ne voit plus les fortunes partagées aussi inégalement que dans l'ancien régime, où l'aîné héritait de tous les titres, de tous les honneurs et de toutes les richesses ; les autres rejetons de la famille, forcés de choisir un état pour lequel ils n'avaient point de vocation, devenaient aussi à charge à eux mêmes qu'à la société, et faisaient mépriser des professions qu'ils auraient honorées, si leur goût naturel les leur avait fait embrasser.

Delà, les haines et les désunions ; delà, tous les désordres et les crimes que la révolution de 93 n'a point enfantés, mais qu'elle a fait éclater en faisant disparaître de notre pays des préjugés qui le tyrannisaient.

Écoutez, enfants, une histoire à ce sujet :

M. le marquis d'Alban avait trois enfants, deux garçons et une fille ; avec une fortune considérable telle qu'était la sienne, il pouvait faire trois heureux, (car la fortune rend heureux, puisqu'elle facilite les moyens de faire du bien.) Ces jeunes gens s'aimaient beaucoup, la différence d'âge était petite : Eudoxie avait deux ans de plus qu'Ernest, l'aîné des garçons, et Louis, le plus jeune, n'avait qu'un an de moins que son frère ; ainsi leurs goûts étaient à peu près égaux ; les mêmes amusements, les mêmes études, les réunissaient dans leur enfance, et la plus tendre amitié les liait l'un à l'autre.

Cependant à mesure qu'ils grandissaient, ceux qui étaient chargés de soigner leur éducation, n'oubliaient pas de leur faire apercevoir la différence que l'usage mettait entr'eux ; cet avis, bien loin de refroidir l'union fraternelle qui animait ces aimables enfants, ne fit que l'accroître. Il est vrai, disait souvent Ernest à son frère et à sa sœur, que, comme l'aîné, j'ai des droits sur vous ; quoique plus jeune que toi, Eudoxie, j'ai plus de force et je dois te protéger, et toi, Louis, je ne veux user de mes droits sur toi que pour t'aider de mes conseils. Je conserverai les titres qui rendent notre maison illustre ; quant aux revenus, une égale part en sera faite du moment où je serai libre de faire ce partage.

M. d'Alban père mourut assez avancé en âge. L'héritier de ses biens, fidèle à sa promesse, avait après son décès fait de sa fortune trois portions égales ; grâce à sa loyale conduite, Louis, son cadet, fit un brillant mariage, (car nous sommes dans un siècle où l'or, pareil à l'aimant, attire à lui tous ces métaux que la terre nous donne et dont nous faisons tant de cas ; il attire à lui les biens, les terres, les honneurs ; il pourrait aussi se rapprocher de la vertu, mais trop souvent il s'en éloigne pour rechercher le vice, qui, plus brillant et plus hardi, vient s'offrir à son passage.) Louis épousa donc une riche héritière, lui qui, chevalier de Malte ou ecclésiastique, malgré lui, aurait langui privé d'une famille qui devait être l'ame de sa vie et le soutien de sa vieillesse.

Quant à Eudoxie, l'attachement qu'elle avait pour ses frères remplissait son cœur, au point qu'elle n'avait pas encore songé à s'établir, peut-être qu'elle n'avait pas encore rencontré celui que Dieu avait choisi pour elle, (car, mes enfants, la femme est forcée d'attendre que l'être qui doit partager sa destinée vienne à elle, et lui dise : « c'est toi qui seule peut me rendre heureux, si tu crois que je puisse à mon tour faire ton bonheur. »)

Peu de temps après que les deux frères eurent uni leur sort à celui d'une épouse chérie, la révolution, dont le feu couvait sous la cendre, éclata soudain ; M. le marquis d'Alban fut emprisonné, ses biens séquestrés et un jugement, dont la décision était infaillible, allait priver de la vie le père de deux aimables enfants, dont le dernier à la mamelle n'aurait pas même conservé le souvenir. Son épouse désolée, affaiblie par la douleur, mouillait chaque nuit sa couche de ses larmes et en inondait le jour le visage de l'innocent nourrisson, qui lui demandait en souriant le lait dont la source allait être tarie par suite du mortel chagrin qui dévorait nuit et jour cette mère éplorée.

Eudoxie cependant, conservant toute sa fermeté, s'arma de courage dans cette occasion ; elle avait sans-cesse présens à la mémoire, les procédés généreux de son frère ; les souvenirs de son enfance, se joignant à ces sentiments de gratitude, enflammèrent son ame et lui firent concevoir le projet de délivrer ce frère chéri, dût-elle périr à sa place.

Elle avait conservé en numéraire la fortune dont Ernest lui avait fait part, un banquier sûr devait lui en représenter les fonds au besoin ; cet arrangement facilitait au mieux ses intentions. Elle cache sur elle une ceinture garnie d'or, en prend une bourse pleine et se présente au cachot où gémissait son frère, loin de sa famille et n'espérant point se sauver des griffes sanglantes qui le serraient de si près, tant il savait altérées de sang les bêtes féroces qui, dans ce temps de terreur , fondaient sur leur proie. Eudoxie parvient pourtant auprès de lui ; une petite feuille de papier qu'elle tire de son sein l'avertit de son projet : ce généreux frère hésite , il craint pour les jours de sa sœur , il refuse. Cependant l'heure presse , le geolier fait entendre sa voix , la nuit approche, Eudoxie persiste , et l'obscurité favorise son dessein ; en peu d'instants M. d'Alban se trouve revêtu des habits de sa sœur , la ceinture surtout ne fut point oubliée. Ernest sort du cachot emportant avec lui un regret amer et l'écrit d'Eudoxie, conçu en ces termes :

« *Ta famille t'attend, ton épouse se meurt, tes enfants te demandent*
» *un père et une mère qu'ils vont perdre en même temps ; personne*
» *n'a besoin de moi ; d'ailleurs , qui sait si mon sexe n'obtiendra*
» *rien sur la férocité de tes bourreaux ; espère en Dieu, Ernest ,*
» *je viens te délivrer, ne t'oppose pas à ma volonté, car je suis*
» *décidée à ne plus sortir d'ici si tu t'y refuses.* »

Il fut aisé à M. d'Alban de comprendre par quel moyen sa sœur espérait le sauver. Vous avez vu son hésitation ; vous avez vu ses regrets en la laissant dans la prison. Cependant , Dieu ne permit pas qu'une si belle action demeurât sans récompense ; les événements politiques changèrent de face, et Eudoxie qui, sans cela , eût été conduite à l'échafaud à la place de son frère, (car alors les femmes n'étaient point épargnées , et la hache du bourreau a tranché plus d'une tête innocente et belle.) Eudoxie, dis-je, sortit triomphante de son cachot, s'applaudissant d'autant plus de son heureux stratagème , que son frère, parvenu à joindre la frontière et ayant passé à l'étranger, avait également mis de côté le préjugé qui défendait aux nobles le commerce et l'industrie ; à l'exemple de nos voisins, il avait compris

44

que l'homme ne peut être avili que par le vice et la déloyauté.

Il réussit dans son négoce , et fit en peu de temps une fortune brillante ; vous pensez bien que sa sœur ne fut point oubliée : il lui écrivit, et l'engagea à venir le rejoindre à Londres où il s'était établi ; là il n'eut pas de peine à la marier richement, et ils auraient tous oublié la France , dont tant d'événements malheureux les avaient éloignés , sans le souvenir de leur frère Louis , qui n'était point resté dans l'inaction pendant ce drame , et qui , secourant de sa bourse et de ses consolations Eudoxie et Ernest , n'avait pas peu contribué à leur délivrance.

Ces êtres généreux ne pouvaient jouir d'une félicité parfaite que sous le même ciel ; celui de notre belle France convint au mari d'Eudoxie, qui consentit de bon cœur à y transférer sa fortune.

L'union la plus intime lie encore aujourd'hui ces vertueuses familles, et si leurs infortunes passées se réfléchissent dans leur mémoire, ce n'est que pour resserrer plus fortement les nœuds de l'amitié fraternelle qui les suivra au tombeau. *

---

* On verra bien dans cette histoire, que je n'entends point anéantir le droit d'aînesse si ancien dans nos annales, mais le réduire à ceci : conseils et protection , de la part de l'aîné ; respect et déférence , pour lui, dans les autres membres de la famille ; amour et union, pour tous.

F I N.

TABLE.

FIN DE LA TABLE.

ERRATA.

***

www.ingramcontent.com/pod-product-compliance
Ingram Content Group UK Ltd.
Pitfield, Milton Keynes, MK11 3LW, UK
UKHW022343090726
13658UKWH00001B/430